Delphine Gilles Cotte

MONTESSORI
für zu Hause

HEEL

INHALT

BEVOR ES LOSGEHT

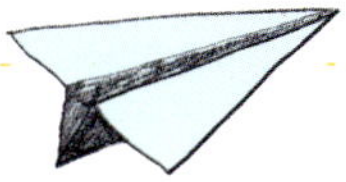

In diesem Buch erfahren Sie, wie Sie inspirierende Montessori-Materialien basteln und Kinder an sie heranführen können. Kinder brauchen das Gefühl, auf wohlwollende Weise in ihrem Lernprozess ermutigt und begleitet zu werden. Die für alle leicht anwendbare Montessori-Pädagogik leistet dazu einen enormen Beitrag.
Nach meiner Montessori-Ausbildung habe ich zu Hause, mit meinen Kindern, und in der Inklusionsklasse, in der ich arbeitete, einige Aktivitäten ausprobiert. Inzwischen habe ich das Atelier „Les Fées Coccinelles" (dt. Marienkäfer-Feen) gegründet, ein Ort, der allen Kindern ohne Einschränkungen offensteht. Ab 2 Jahren können sie in einer bunten Welt, die sie frei erkunden können, mit Sinnesmaterial umgehen. Das lässt sie lernen und wachsen. Es ist auch ein Ort zum Austauschen und Lernen für Erwachsene.
Inspiriert von Büchern, von meinen Recherchen und vor allem durch die tägliche Beobachtung der Kinder habe ich nach und nach angefangen, die inspirierenden Montessori-Spiele zu notieren, die ich gebastelt und mit den Kindern benutzt habe, und die Sie nun in diesem Buch finden. Mir war es wichtig, einerseits die Ansätze von Maria Montessori aufzugreifen. Andererseits legte ich Wert darauf, das Material so anzupassen, dass es leicht zugänglich und einfach herzustellen ist und im Alltag verwendet werden kann.

„Noch mal Montessori, noch mal …"
Clemence, 2 Jahre

Dieses Buch ist für alle gedacht:

- Für **Eltern**, die mit ihren Kindern andere Spiele kennenlernen möchten.
- Für **Erzieher** im Vorschulbereich, die den betreuten Kindern kein lautes und buntes Spielzeug anbieten möchten, sondern Spiele, die gemeinsam von Klein und Groß hergestellt werden.
- Für **Lehrer**, die Abwechslung in ihre Spiele bringen möchten, um Konzentration, Sinne und Selbstvertrauen zu fördern.
- Für **„besondere" Kinder**, die mehr Aufmerksamkeit brauchen. Dieses Material ist hervorragend für sie geeignet.
- Für **ältere oder kranke Menschen**, die ebenfalls Anregungen für ihre Sinne brauchen.

Beim Lesen werden Sie feststellen, wie sehr mich diese Pädagogik geprägt und begeistert hat. Wenn Sie begonnen haben, sich damit auseinanderzusetzen und diese Aktivitäten umzusetzen, werden Sie nicht mehr so „handeln" und „reden" wie zuvor. Um tiefer einzutauchen, können Sie sich die in der Bibliografie genannten Original-Werke von Maria Montessori besorgen und sich für weitere Informationen an die Association Montessori Internationale (AMI) wenden.

> „Wenn wir all das verstehen, was das Kind sich selbst aneignen kann, wissen wir besser, was aus dem Mensch werden kann."
>
> Maria Montessori

Sie haben getestet … und für gut befunden

Regine, Alda und Celine sind Erzieherinnen im Kindergarten. Sie benutzen das Material in ihren Gruppen und im Förderunterricht: *Die Montessori-Workshops haben denjenigen Kindern geholfen, denen es an Selbstvertrauen mangelt: Sie hatten es leichter, in den Lernprozess hineinzufinden. Es gibt viel zu erkunden und auszuprobieren, was zu Erfolgserlebnissen führt. Die Materialien (Alltagsgegenstände, Geschirr, Werkzeug, wertvolle Gegenstände usw.) sind etwas anderes als das, was üblicherweise im Kindergarten verwendet wird. Es sind „erwachsene Dinge", die dem Kind ein Gefühl von Wertschätzung vermitteln. Ganz wichtig: Die freie Auswahl der Gegenstände ermöglicht jedem Kind, das zu finden, was zu ihm passt und seinen Bedürfnissen entspricht. Für uns Erzieherinnen waren die Montessori-Workshops eine Gelegenheit, zum Ausprobieren und Erkunden zurückzukehren; uns in der wichtigen Phase der Prägung Zeit zu nehmen. Die Workshops vermitteln mehr Autonomie: Jeder ist für seine Aufgabe verantwortlich, „vom Anfang bis zum Ende", und die Kinder erinnern diejenigen an die Regeln, die sich nicht „ans Spiel" halten. Wir haben auch festgestellt, dass die Kinder sich in der Gruppe gegenseitig mehr helfen. Die Workshops erlauben ihnen, zu beobachten oder nicht mitzumachen. Das Material gibt die Regeln vor, und das kann zu Frustration führen (z. B. wenn das Material bereits ein anderes Kind nutzt). Es ist das Kind, das seinen Lernprozess selbst steuert, und nicht der Erwachsene. Außerdem sind in der Feinmotorik deutliche Fortschritte zu erkennen.*

Sophie, **Tagesmutter und Mutter von 2 Söhnen**, hat an einer Einführung in die Montessori-Pädagogik teilgenommen und wendet sie zu Hause an: *Ich habe meine Einstellung weiterentwickelt, wie ich die Kinder zu Hause oder bei Aktivitäten im Garten in bestimmten Momenten von Frustration begleiten kann, und ich kann Phasen von Aufmerksamkeit und „Erschöpfung" besser erkennen oder antizipieren, egal, ob sie sich selbst beschäftigen oder ich ihnen eine Beschäftigung vorgebe. Das gilt auch für den Alltag mit meinen eigenen, etwas*

„Es genügt nicht, dass die Lehrerin sich darauf beschränkt, das Kind zu lieben und zu verstehen. Sie muss zunächst das Universum lieben und verstehen."
Maria Montessori

älteren Jungs (8 und 11 Jahre). Ich habe das Gefühl, weniger auf ein Ergebnis „für mich" zu warten und mehr zu beobachten.
Mein Pflegekind Lucie, die mich während der Sitzungen begleitet hat, erwähnt oft, dass sie kleine Alltagsdinge „repariert": ein zerrissenes Buch oder ein verschüttetes Wasserglas. Und sie räumt nun auch systematisch die Spiele, Bücher oder andere Dinge auf, die sie benutzt hat. Oft hilft sie mir beim Tischdecken oder beim Vorbereiten der Mahlzeiten oder Aktivitäten. Genau das war ein „Problem" für ihre Eltern, denn für sie war Lucie „hyperaktiv" und oft wütend. Nach einem Gespräch haben sie allerdings verstanden, dass der Auslöser Langeweile war sowie der Wunsch, etwas gemeinsam mit ihnen zu tun. Wir machen immer wieder Übungen wie „Schütten, Umfüllen, Sortieren, Berühren" und generell versuche ich im Alltag, mein Umfeld eigenständig werden zu lassen. Es ist seltsam, das zu sagen, aber es stimmt, wenn man es sich genau überlegt, dass wir anderen oft Dinge aus der Hand nehmen. Das ist etwas, worüber man nachdenken kann.

Martina ist Erzieherin im Kindergarten: *Seit Jahren schon übernehme ich Ansätze aus der Montessori-Pädagogik in meinen Unterricht, zunächst aber nicht in freien Aktivitäten. Eines Tages – nach einem Kolloquium, auf dem Kollegen ihre Arbeit vorstellten – hatte ich Lust, einige frei und selbstständig wählbare Aktivitäten (vor allem zur handwerklichen Geschicklichkeit sowie noch etwas aus der Geometrie und zum Zahlensystem) in den Tag einzubauen. Also ließ ich das in die Begrüßung, in die Ruhezeit am frühen Nachmittag, wenn eine Aufgabe abgeschlossen wurde, und manchmal auch in eine laufende Arbeitsphase, einfließen. Außerdem habe ich kleine Kunststoffmöbel mit Schubladen in einem Supermarkt gekauft, die jeweils eine Übung enthalten. Ich stelle meinen Schülern die neuen Aktivitäten vor, indem ich ihnen alles erkläre und vormache, sprich den Zweck der Übung, die „möglichen Erfolge", bis hin zum abschließenden Aufräumen. Dann sind sie dran. In diesen Momenten nehme ich meine Schüler als ruhig und vor allem als sehr auf ihre Aufgabe konzentriert, wahr. Vor einer Gruppenstunde bitte ich manchmal ein Kind, eine Übung vorzustellen, die es mag. Hierbei verwende ich das entsprechende Vokabular für das Material und die Übung. Nach einigen Stunden gebe ich den Kindern die Gelegenheit, sich auszutauschen, sie können erklären, was sie gemacht haben, was ihnen gefallen hat oder, was sie kompliziert fanden. Dieser neue Ansatz und die Abwechslung haben meine Schüler begeistert. Übungen wie „Umfüllen und Schütten" werden oft gewählt und wirken besonders beruhigend.*

Bevor Sie loslegen

Das Material von Maria Montessori, das ich Ihnen in diesem Buch vorstelle, ist sehr einfach herzustellen. Ich habe, so oft wie möglich, recycelte Dinge verwendet: etwa Pappe, Papier, Holz- und Stoffreste. Mit der Zeit ist es sogar zu einer Herausforderung geworden: etwas Herstellen und die Kosten auf ein Minimum reduzieren. Wir haben alle unbenutzte Schätze zu Hause.

Zögern Sie nicht, Bastel-Fans aus Ihrem Umfeld anzusprechen und die Kinder zu ermutigen, sich beim Basteln der Spiele zu beteiligen. Sie können auch über Flohmärkte bummeln, denn hier

gibt es viele Gegenstände zu kleinen Preisen.
Wenn ich in großen Einkaufsgeschäften von meinem Vorhaben erzähle, Spiele für Kinder herzustellen, frage ich oft nach Kartons, Schachteln, Tabletts, Tapetenrollen etc. Meistens sind meine Gesprächspartner großzügig.
Sie werden sehr stolz sein, wenn Sie Ihr selbstgebasteltes Material zeigen und die Kinder werden es lieben und umso mehr schätzen. Ich lege viel Wert darauf, dass das Material „schön" und „gepflegt" ist, damit Sie und die Kinder es gerne benutzen.
Nachdem Sie dieses Buch gelesen haben, werden Sie sich bestimmt nicht entscheiden können, wo Sie anfangen! Suchen Sie ein Spiel aus, das Sie inspiriert – ein Lieblingsspiel. Bei mir war es die Knopfkiste, die mich an meine Großmutter erinnert hat. Sie sortierte die Knöpfe nach Farben in kleine Umschläge hinein.
Sobald Sie einmal angefangen haben, sich damit zu beschäftigen, das Material kennenzulernen und sich vor allem mit der Philosophie von Maria Montessori vertraut zu machen, können Sie neue Spiele erfinden. Stellen Sie Material her, das dem Alter und den Bedürfnissen Ihrer Kinder entspricht. Das Geschlecht der Kinder ist unwichtig, es gibt keine Materialien, die sich speziell an Jungen oder Mädchen richten. Der Wäscheständer ist beispielsweise bei Jungen sehr beliebt, wenn ich ihn in den Kindergarten mitbringe.

Einige zusätzliche Tipps:

Es ist empfehlenswert, sich bei der Herstellung des Materials mit mehreren zusammenzutun, um sich austauschen und Erfahrungen teilen zu können. Wenn Sie ein Material herstellen möchten, das Genauigkeit und Zuschnitte erfordert, können Sie sich an sogenannte FAB LABs (offene Werkstätten) wenden. Diese öffentlichen Werkstätten sind mit Maschinen für die unterschiedlichsten Arbeiten ausgestattet. Sie sind für alle zugänglich (kostengünstig oder für einige sogar kostenlos) und haben das Ziel, Begegnungen zu ermöglichen. Sie können im Internet nach dem nächstgelegenen FAB LAB suchen. Oder Sie stöbern auf Flohmärkten; dort werden Sie bestimmt einige Schätze finden!

Die meisten Materialien bekommen Sie auch in Baumärkten. Also, trauen Sie sich, kreativ zu sein.
Viel Spaß beim Basteln!

Warnhinweise

„Selbstgebasteltes Material" unterliegt nicht den Sicherheitsstandards. Daher ist es notwendig, dass Sie gut aufpassen und beim Gebrauch der Materialien anwesend sind, insbesondere bei Spielen, die aus kleinen Teilen bestehen. Ich erkläre in diesem Buch die Herstellung des Materials, übernehme aber keine Verantwortung für eine eventuelle falsche Anwendung.

Die Autorin und Schöpferin des Materials behält das geistige Eigentum an den in diesem Buch vorgestellten Spielen. Das Material darf daher nicht ohne Genehmigung für kommerzielle Zwecke hergestellt werden.

EINLEITUNG

Maria Montessori – eine bewundernswerte Frau

Maria Montessori, geboren 1870 in Chiaravalle, Italien, wurde nach strengen Regeln erzogen, auch wenn ihre Mutter, die ihr sehr nahestand, ihre Freiheit respektierte. Mit 26 Jahren wurde sie eine der ersten Frauen Italiens, die ein Studium der Medizin abschlossen. An der psychiatrischen Klinik der Universität von Rom kümmerte sie sich um Kinder, die als „zurückgeblieben" galten, und entdeckte, dass es für sie kein einziges Spielzeug gab. Dabei brauchten sie Beschäftigung, um Fortschritte zu machen. In der gleichen Zeit stieß sie auf die Forschungen von Jean Itard (1774–1838) und Édouard Séguin (1812–1880), französischen Pädagogen für „dumme" Kinder. Ab dem Jahr 1900 beschloss sie, sich der Pädagogik zu widmen.
Maria sprach auf dem Pädagogikkongress in Turin im Jahr 1899: Guido Bacceli, der Bildungsminister, bat sie kurz darauf, Vorträge in Rom zu halten. Über die sogenannten „zurückgebliebenen Kinder" sagte sie: „Ich hatte das Gefühl, dass es hier nicht um eine medizinische, sondern um eine pädagogische Beeinträchtigung ging. Ich referierte über die Haltung der Erziehung." Kurze Zeit später gründete sie ein Institut, an dem sie Lehrer ausbildete. Sie machte ihnen bewusst, wie wichtig die Beobachtung ist: „Beobachten, nicht urteilen". Sie nahm an zahlreichen Kongressen in Rom und Paris teil und arbeitete weiterhin mit beeinträchtigten Kindern, denen sie Lesen und Schreiben beibrachte und, die zusammen mit „normalen Kindern" (erfolgreiche) Prüfungen ablegten.

Der Wendepunkt in ihrem Leben kam 1906, als sie sich mit Kindern im Vorschulalter beschäftigte, für die sie ihre eigene pädagogische Methode entwickelte.
1907 wird das erste „Kinderhaus" (*Casa dei Bambini*) in einer Arbeiterwohngegend von Rom gegründet. Dieses Haus wurde zu einer Forschungseinrichtung, einem Labor, in dem Maria Montessori ihre Methode aufbaute und erprobte.
Ab 1913 organisierte sie internationale Kurse. Viele Verbände und Wohltätigkeitsorganisationen baten sie um die Einrichtung von Kinderhäusern. Sie unternahm zahlreiche Reisen, um Vorträge zu halten, pädagogische Fortbildungskurse zu organisieren und Schulen zu gründen. Von 1921 bis 1931 war sie Teil der *Ligue internationale pour l'éducation nouvelle* und stellt ihre Arbeit auf Kongressen vor, auf denen sie anderen großen Pädagogen dieser Bewegung wie Adolphe Ferrière, John Dewey und Roger Cousinet begegnete.
Im Jahr 1929 gründete sie die Association Montessori Internationale (AMI), deren Ziel es ist, die von Maria Montessori formulierten, pädagogischen und praxisorientierten Prinzipien zur vollständigen Entwicklung des Menschen zu bewahren, zu verbreiten und zu fördern.
Nach ihrem Tod 1952 in den Niederlanden setzte ihr Sohn, Mario Montessori, ihre Arbeit bis zu seinem Tod im Jahr 1982 fort.

Heute gibt es mehr als 60.000 Montessori-Einrichtungen auf 6 Kontinenten.

DIE WICHTIGSTEN PRINZIPIEN DER MONTESSORI-PÄDAGOGIK

Jedes Kind ist einzigartig

Maria Montessori beobachtete, dass Kinder zwischen 0 und 6 Jahren einen „absorbierenden Geist“ besitzen, der sie, wie ein Schwamm, Eindrücke aus ihrer Umgebung aufsaugen lässt. Und das, ohne zwischen Gut und Böse zu unterscheiden.
Nach Maria Montessori ist jedes Kind einzigartig. Es hat eine ihm eigene Persönlichkeit, seinen Lebensrhythmus, seine Stärken und möglicherweise Schwächen.
Alle Kinder durchlaufen „sensible Phasen“. Dabei handelt es sich um besondere Empfänglichkeiten in der Entwicklung – Momente im Leben des Kindes, in denen es voll und ganz von einer besonderen Empfänglichkeit für eine bestimmte Fähigkeit „absorbiert“ wird.
Diese vorübergehenden Phasen beschränken sich auf den Erwerb einer bestimmten Fähigkeit; sobald sich dieser Charakterzug entwickelt hat, endet die Empfänglichkeit. Daher ist es entscheidend, dass die Umwelt dem Kind zum richtigen Zeitpunkt die Mittel zur Verfügung stellt, um sich zu entwickeln, indem die folgenden sensiblen Phasen genutzt werden:

- die Sprach-Phase (im Alter zwischen 2 Monaten und 6 Jahren): Das Kind nennt Begriffe;
- die bewegungskoordinative Phase (im Alter zwischen 18 Monaten und 4 Jahren): Das Kind verfeinert die Fähigkeit, seine Hände zu benutzen;
- die Ordnungsphase (von der Geburt bis zum 6. Lebensjahr): Das Kind sortiert, ordnet, findet Kategorien, entwickelt Gedankengänge;
- die Sinnentdeckungsphase (im Alter zwischen 18 Monaten und 5 Jahren);
- die soziale Verhaltensphase (im Lebensalter von 2,5 bis 6 Jahren);

> „Bevor sie stark genug waren, um zu kämpfen, waren alle Wesen schwach.“
> Maria Montessori

- die sensible Phase für kleine Gegenstände (im Laufe des 2. Lebensjahres in einem sehr kurzen Zeitraum).

Wenn wir Erwachsene an diese sensiblen Phasen glauben, sind wir uns voll und ganz bewusst, dass wir hinsichtlich der Entwicklung des Kindes nicht planen dürfen. Die Natur hat bereits ihren eigenen Plan. Wir müssen nur für ein Umfeld sorgen, das diese sensiblen Phasen berücksichtigt. Dieses Umfeld sollte:

- Geborgenheit und Sicherheit bieten,
- Ruhe vermitteln,
- zahlreiche Möglichkeiten zur Erkundung bieten,
- an die Bedürfnisse jeder Phase angepasst sein,
- eine Ordnung anbieten,
- die Handlungsfreiheit des Kindes garantieren.

Die Freiheit und die Disziplin

„Der Mensch gehört sich selbst, er muss seinen eigenen Willen ausleben."
Maria Montessori

Ich höre oft: „Montessori ist die Pädagogik, in der Kinder die Freiheit haben, zu tun, was sie wollen ..." Diese Aussage ist ein wenig verkürzt und falsch. Die Montessori-Pädagogik basiert auf Prinzipien, die von „Regeln" bestimmt werden. Die Konzepte von „Disziplin" und „Freiheit" sind nach Maria Montessori vollkommen unterschiedlich, aber sie ergänzen sich. Für sie sind es 2 Seiten derselben Medaille. Wenn ein Teil der Medaille verschwindet, ist sie wertlos. Es ist also unmöglich, „Disziplin" und „Freiheit" zu trennen. In einer Montessori-Klasse sieht das zum Beispiel so aus:

- Das Kind hat die Freiheit, sich ein Material zu holen und es zu benutzen, solange es möchte und so oft es möchte, aber es muss es anschließend an seinen Platz zurückstellen.
- Es steht dem Kind frei, zu arbeiten oder nicht zu arbeiten, vorausgesetzt, es respektiert die Arbeit der anderen.
- Das Kind darf nach Belieben trinken und essen, aber darf den Anteil der anderen Kinder nicht beanspruchen.
- Das Kind darf am Gespräch teilnehmen, wenn es die anderen respektiert und ihnen zuhört.

Das Kind braucht bestimmte, seinem Alter und seinen Fähigkeiten angemessene Freiheiten, aber auch Grenzen, innerhalb derer es sich sicher fühlen kann.

Die Bedeutung von Ordnung

Im Alter zwischen 2 und 4 Jahren ist die Ordnung Teil der sensiblen Phasen eines Kindes. Es ist unerlässlich, ihm einen geordneten Raum vorzugeben, damit es jeden Gegenstand und jedes Spiel an einem bestimmten Platz finden kann. Das fördert die Selbstständigkeit. Ich empfehle Ihnen, große Spielkisten zu vermeiden, sie scheinen aufgeräumt, aber im Inneren herrscht Chaos. Wenn darin Puzzlespiele neben Bauklötzen, Puppen und Puppengeschirr liegen, dann macht das nicht unbedingt Lust, damit zu spielen!
Als Erwachsene sind wir Vorbilder: Wir müssen den Kindern zeigen, dass auch wir unsere Einkäufe einräumen; dass auch wir aus dem Haus gehen und beim Zurückkommen unsere Jacken wieder an die Garderobe hängen; dass auch wir einen festen Platz für Teller, Gläser, Besteck & Co.

haben. Denn ein Kind wird nicht mit einem Gen für Unordnung geboren. Nach und nach können wir es vielmehr an die Freude über die Ordnung heranführen. Wenn Sie ihm zeigen, wie und wo man etwas hinräumt, wird es für das Kind zur Gewohnheit, es selbst zu tun, auch, wenn es anfangs vielleicht noch Aufforderung und Unterstützung braucht. Sie erklären ihm, dass es sich ein Spiel aussuchen und sich damit beschäftigen darf, solange es möchte, und dass es das Spiel anschließend an seinen Platz zurückstellen muss. Denn die Montessori-Spiele befinden sich in der Regel in kleinen Körben oder auf Tabletts. Ich verwende auch Schachteln mit einem Foto des jeweiligen Spiels auf der Vorderseite der Schachtel.

„Ein andere falsche Annahme ist, dass man die Angst für eine natürliche Eigenart des Kindes hält."
Maria Montessori

„Hilf mir, es selbst zu tun!"

Dieser Satz ist eine perfekte Definition der Pädagogik von Maria Montessori. Denn es handelt sich um eine Philosophie im Alltag, um eine Art, das Kind wahrzunehmen, es wohlwollend in jeder Phase seiner Entwicklung zu begleiten.

Geben Sie ihm die Möglichkeit, zu lernen, wie man (seinem Alter und seinen Fähigkeiten entsprechend) etwas allein tut. Alle Kinder, auch gleichen Alters, sind unterschiedlich. Es ist immer gut, Vergleiche zwischen den Kindern zu vermeiden, sei es innerhalb einer Klasse oder unter Geschwistern. Dazu müssen Sie dem Kind erlauben, Aufgaben (unter ihrer Aufsicht) allein zu erledigen, nachdem Sie ihm alles gezeigt, den Raum und die Aufgabe vorbereitet, und die nötigen Sicherheitsvorkehrungen getroffen haben.

„Ich mag alles an Montessori, weil ich allein entscheiden kann!"
Angèle, 4 Jahre

Die Selbstständigkeit fördern und entwickeln:

- Lernen, sich allein, mithilfe eines Höckerchens, die Hände zu waschen.
- Ein Tablett selbstständig tragen können, denn ein Großteil des Montessori-Materials wird auf Tabletts präsentiert.
- Sich selbst etwas zu trinken holen. Hierzu das Kind ein Tablett mit einem kleinen Krug Wasser und einem richtigen Trinkglas tragen lassen.
- Sich (unter Ihrer Aufsicht) mit einem Messer ein Stück Kuchen abzuschneiden oder einen Obstsalat zubereiten.
- Ein Rezept zuzubereiten.
- Lernen, ein Missgeschick zu beheben.
- Sich allein an- und auszuziehen: Stellen Sie hier Schuhe, Kleidung, einen Korb mit Socken sowie Kleiderhaken in der richtigen Höhe für Jacken und Mäntel bereit, damit das jeweilige Kind alles selbst aufhängen und wegräumen kann.
- Einen Blumenstrauß zusammenzustellen, um für ein angenehmes Ambiente zu sorgen.
- Einen Tisch mit Blumen, Kerzen, Tischdecke etc. zu decken.

Am schwierigsten für Erwachsene ist es, „zu lernen, dem Kind zu vertrauen".

„Die Erziehung kann nicht erfolgreich sein, wenn sie dem Kind nicht hilft, sich dem Leben gegenüber zu öffnen."
Maria Montessori

Die Rolle des Erwachsenen während der Aktivität

Der Erwachsene greift nur ein, wenn es notwendig ist, und dies auch nur nach aufmerksamer Beobachtung des Kindes und der Situation. Die Präsentation des Materials erfolgt nach Möglichkeit individuell.
Der Erwachsene begleitet das Kind mit Wohlwollen und Zurückhaltung in seinen Entwicklungsbedürfnissen. Nehmen Sie am besten eine beobachtende Haltung ein und vermeiden Sie es, Ratschläge oder Anordnungen zu erteilen.
Der Erwachsene hilft dem Kind am besten, wenn es von ihm Aufmerksamkeit und Konzentration lernen kann und selbstständig wird.
Der Erwachsene ist ein Vorbild für das Kind, auch wenn er das Recht hat, nicht „perfekt" zu sein und Fehler oder Schwächen einzugestehen. Der Erwachsene ist kein höheres Wesen, er schuldet dem Kind Respekt und das Kind schuldet ihm Respekt.
Der Erwachsene leitet die Übung zurückhaltend, maßvoll und respektvoll an. Er führt das Kind beim Lernen entsprechend seiner Fähigkeiten, seines Alters, seiner Reife und seiner Entwicklung.
Wenn sich das Kind in der Übung befindet, greift der Erwachsene nicht ein, um seine Meinung zu äußern, um es zu loben oder zu korrigieren. Das Kind spielt und lernt für sich selbst und macht das Beste aus seinen Möglichkeiten.

Wie wird eine Aktivität angeleitet?

Eine Aktivität zu präsentieren bedeutet, jede einzelne Handlung zu beschreiben, damit das Kind sie genau kennenlernt und sie mit Selbstvertrauen und Sicherheit ausführen kann. Gewöhnen Sie sich an, alles vorzumachen: Wie man sich anzieht, die Hände wäscht, etwas zu trinken einschenkt, wie man aufräumt oder ein Tablett trägt ...
All diese alltäglichen Dinge sind nicht angeboren.

Um eine Tätigkeit vorzustellen:

- Wählen Sie für sich und das Kind einen Ort und eine Zeit, die ruhig und angenehm sind.
- Schlagen Sie vor, auf einem Teppich oder an einem kleinen Tisch zu sitzen, dessen Höhe an die Größe des Kindes angepasst ist.
- Stellen Sie Ihre Übung mit sehr wenigen Worten vor und machen Sie dazu am besten ergänzend langsame Bewegungen. Nehmen Sie sich genügend Zeit und vergessen Sie nicht, die Sicherheitsmaßnahmen zu beachten.
- Sobald das Kind mit dem Material vertraut ist, kann das Material so lange und so oft wie gewünscht benutzt werden.
- Greifen Sie nur ein, wenn das Kind Sie darum bittet. Nehmen Sie sich die Zeit, zu beobachten. Es ist spannend! Es passieren in jedem Moment viele schöne Dinge.
- Wenn das Kind Wasser oder Körner verschüttet, dann legen Sie einen kleinen Schwamm, einen Besen, Handtücher oder dergleichen bereit, damit es selbst oder mit Ihrer Hilfe alles in Ordnung bringen kann.
- Wenn es fertig ist, muss das Kind das Material aufräumen, das in der Regel auf einem Tablett präsentiert wird. Es kann die Aktivität fortsetzen, sobald es dies wünscht.

Es ist sehr wichtig, dass Sie das Material sehr gut kennen, um jede Geste, jedes Zögern oder störende Wort zu vermeiden, die die korrekte Ausführung der Aktivität verfälschen könnten. Dazu müssen Sie im Vorfeld allein oder, noch besser, mit einem anderen Erwachsenen üben.

„Helfen Sie einem Kind nie bei einer Aufgabe, von der es glaubt, dass es sie bewältigen kann."
Maria Montessori

WIE GESTALTET MAN EINE MONTESSORI-ECKE ZU HAUSE ODER IN EINER GRUPPE?

Dies sind die ersten Fragen, die Sie sich stellen sollten:

- Für wen ist das Material bestimmt? Für verschiedene Kinder in verschiedenen Altersgruppen?
- Wo kann das Material aufbewahrt werden, damit die Kinder es leicht finden und benutzen können?
- Welches Material, je nach den Bedürfnissen der Kinder, möchten Sie herstellen und anbieten?

Wenn Sie Kinder zwischen 11 und 18 Monaten haben, bevorzugen Sie Material zur Selbstbedienung, aber ohne Gefahrenpotenzial, auch wenn Ihre Anwesenheit verpflichtend ist. Bieten Sie ihnen einen Platz zum Spielen auf einem Teppich an, den Sie für die Zeit des Spiels an einem Ort Ihrer Wahl ausrollen und nach dessen Beendigung wieder wegräumen können. Die Spiele können Sie in kleinen Körben verstauen. Es ist nicht notwendig, ein Spiel in mehrfacher Ausfertigung zu haben.

Lassen Sie die Kinder zunächst zwischen 3 Körben mit Spielen auswählen, etwa zwischen der Deckelspardose (S. 122), der Knopfkiste (S. 132) und der Dosenkiste (S. 42).

Sobald die Kinder 2 Jahre alt sind, bieten Sie ihnen, je nach Interesse, andere Spiele an. Solche, die nicht nur ihre Sinne schulen, sondern ebenso ihre Beweglichkeit und Selbstständigkeit, etwa durch Schütt- und Sinnesspiele.

In Ihrer Montessori-Ecke benötigen Sie ein kleines Möbelstück mit niedrigen und stabilen Regalfächern, das die Kinder leicht erreichen können. Der Raum sollte Ihre Lust, Montessori-Material einzusetzen, weder zu Hause noch in einer Klasse ausbremsen. Eine Abstellecke unter der Treppe, in einem Zimmer oder im Flur, reicht vollkommen aus. Wenn Sie nicht möchten, dass die Kinder jederzeit Zugriff auf das Material haben (das ist manchmal der Fall bei Tagesmüttern, zu denen Kinder unterschiedlichen Alters kommen) empfehle ich Ihnen ein Möbelstück mit Regalfächern, an das Sie oben eine Stange mit einem Vorhang anbringen. Ist der Vorhang geöffnet, dürfen sich die Kinder das Material nehmen, ist er geschlossen, nicht!

In anderen Kindergärten habe ich Erzieher gesehen, die sich ein Möbelstück mit 6 bis 8 Schubladen aus Plastik besorgt haben. Wenn Sie aber jedem Kind eine Aktivität anbieten möchten, brauchen Sie mehrere Schubladen, die Sie aufeinanderstapeln können. Jede Schublade enthält dann eine Aktivität mit allem Material, das für dieses Spiel benötigt wird. Kleben Sie ein Foto der Übung vorn auf die Schublade, um dem Kind bei der Auswahl zu helfen. Das Kind nimmt sich die komplette Schublade und geht damit an seinen Platz: entweder zu einem Tisch oder einem Teppich. Es führt die Übung aus und räumt seine Schublade, sobald es fertig ist, wieder ins Regal.

Es ist Ihre Entscheidung, wann die Kinder die Schubladen benutzen dürfen: beim Ankommen; nach der Gruppenarbeit; im Förderunterricht; in der Mittagspause (für diejenigen Kinder, die nicht schlafen oder ruhen) usw. Das Material kann sich schrittweise verändern, je nachdem, was Sie bei jedem Kind beobachten. Einige werden über einen längeren Zeitraum das Schütten üben, einige werden anderes ausprobieren.
Die Benutzung des Montessori-Materials wird nicht von Vorgaben bestimmt, die beachtet werden müssen.
Jedes Kind ist anders und macht in seinem eigenen Rhythmus Fortschritte.
Das Material soll dabei vor allem Freude machen.

WIE STELLT MAN EINEN PÄDAGOGISCHEN MONTESSORI-KOFFER ZUSAMMEN?

Ein Koffer ist praktisch, um das Material aufzubewahren. Er kann von Haus zu Haus reisen, von Klasse zu Klasse oder ganz einfach, ein Spielekoffer für zu Hause sein, wenn Sie nicht den Platz oder einen festen Ort haben, um das Material zu verstauen.
Er kann Bestandteil eines Gemeinschaftsprojektes sein, um sich auszutauschen und gegenseitig zu bereichern, um zu teilen, etwas aufzubauen oder zu reflektieren ...
Im Kindergartenbereich und in Schulen habe ich erlebt, dass ein solches Projekt ein Motor für neue Energie ist, für Zusammengehörigkeit und Begeisterung, die weitergegeben werden.

Um einen Koffer umzusetzen, braucht man:

- Personen, die an dem Projekt interessiert und mit den Zielen, dem Material und der Montessori-Philosophie vertraut sind. Oder Leute, die einfach nur Lust haben, etwas zu lernen und auszuprobieren.
- Eine Kiste mit Deckel, am besten eine mit Rollen, die man einfach transportieren kann. Oder warum nicht gleich einen Koffer, den man verschönern kann? Diejenigen, die ihn öffnen, lädt er zum Träumen ein …
- Eine gemeinsame Entscheidung, was sich in dem Koffer befinden soll: Sinnesübungen, Tabletts mit Schüttspielen usw.
- Eine große Sammlung an Schachteln, Klammern, Schüsseln, Flaschen, Nüssen, Stoffen, Tabletts sowie alles, was man zur Herstellung des Materials verwenden kann.
- Der Koffer kann auch Bücher von Maria Montessori und andere zum Thema passende Werke enthalten.

Dann geht es ans Basteln. Planen Sie hierfür einen Vormittag oder mehrere Abende ein, um die Spiele zusammenzustellen. Die Talente eines jeden Einzelnen sind hier gefragt! Man braucht: Schneider, Bastler, Tischler …

Danach, wenn der Koffer fertig ist, ist es wichtig, über die Erstellung einer Anleitung nachzudenken. Darin kann jedes Spiel, samt den Regeln für die Nutzung, beschrieben werden und, wie man die Spiele aufbewahrt, alles ergänzt durch Fotos. Jede Beschädigung muss, wenn möglich, repariert werden, damit jeder einen vollständigen Koffer erhält, den er gern benutzt.

Schließlich muss das Team noch festlegen, wie der Koffer zu benutzen ist und, wie lange er von Lehrern oder Erziehern ausgeliehen werden darf, damit es für alle fair bleibt. Planen Sie 2 bis 3 Wochen ein, je nach Entfernung.
Ich schlage vor, nach einer gewissen Zeit eine Bestandsaufnahme mit den Nutzern des Koffers zu machen, um Abläufe zu verbessern, die Inhalte anzupassen und ihn anderen Nutzern zur Verfügung zu stellen.

WIE IST DIESES BUCH ZU LESEN?

Die Aktivitäten sind in 8 Bereiche unterteilt, die jeweils einen Aspekt in der Entwicklung des Kindes in den Vordergrund stellen. Mithilfe dieser Übungen wird das Kind mit Dingen des Alltags vertraut gemacht und gewinnt an Selbstständigkeit. Daher stelle ich Ihnen Spiele vor, die das Tragen von Tabletts, das Einschenken von Getränken, das Beheben von Missgeschicken sowie das Einhalten von Ordnung einüben. Gleichzeitig entdeckt das Kind seine Sinne und entwickelt in seinem eigenen Rhythmus seine motorischen Fähigkeiten. Außerdem können Sie sich Spiele ausdenken, mit denen die Kinder, mehr oder weniger, schwere Gegenstände tragen lernen, wie beispielsweise beim Möbelpacker-Spiel (siehe Schatzsuche auf S. 190/191).
Jede der Aktivitäten habe ich für Sie um Tipps und Erfahrungsberichte ergänzt. Letztere stammen vor allem von Kindern: bei Tagesmüttern, in Kindergärten oder Grundschulen, in spezialisierten Klassen oder aus meinem Atelier. Hinzu kommen Erfahrungsberichte von Lehrern, Erziehern, von Eltern und Personen, die die Montessori-Ausbildung absolviert und das Material hergestellt haben. Ich habe ganz bewusst keine Altersstufe für die Spiele angegeben, da ich davon ausgehe, dass jedes Kind anders ist und unterschiedliche Interessen, Entwicklungsfortschritte und Besonderheiten besitzt.

VORÜBUNGEN

Die folgenden Übungen dienen dazu, für *ein schönes Ambiente und Zusammenleben an einem angenehmen und ordentlichen Ort* zu sorgen. Sie tragen zur Entwicklung von motorischer Koordination, Selbstständigkeit und Konzentration bei und fördern den Muskelaufbau in den Armen, Fingern und beim Greifen, insbesondere, um Tabletts zu tragen.

„Mit 3 Jahren hat das Kind schon
die Grundlagen seiner Persönlichkeit gelegt."

Maria Montessori

„MEIN KLEINES HAUS“

Teppiche helfen, den Spielbereich zu begrenzen und sich nicht im Klassenraum oder im ganzen Haus auszubreiten. Kinder lieben es, ihren eigenen Bereich zu haben.

Das Material vorbereiten

Sie brauchen:

- Ein Stück Teppich, 1 x 4 m
- Eine Wäscheklammer
- Eine Schere
- Einen Eimer

- Um einen preiswerten Teppich zu finden, empfehle ich Ihnen, in einem Baumarkt nach Meterware zu fragen. Diese wird häufig auf 4-Meter-breiten Rollen angeboten. Schneiden Sie ein 1-Meter-Stück in 4 Teile, erhalten Sie 4 Matten à 1 m^2 zu einem günstigen Preis.
- Rollen Sie die zugeschnittenen Matten einzeln auf und fixieren Sie die Rollen jeweils mit einer Wäscheklammer.
- Stellen Sie die Matten in einen Eimer. So können die Kinder sie selbstständig herausnehmen.

„Ich mag Tische nicht, lieber setze ich mich in eine Ecke auf einen Teppich, ganz für mich. Manchmal soll jemand kommen, aber nicht einfach so."

Corentin, 7 Jahre

Teppiche in der Montessori-Pädagogik

In den Montessori-Klassen **dient der Teppich ausschließlich dazu, um darauf das vom Kind ausgewählte Material abzulegen,** wobei das Kind sich nicht auf, sondern neben den Teppich setzt. Die Kinder lernen, ihn auf eine bestimmte Weise aus- und aufzurollen und wieder wegzuräumen.

Für den Gebrauch zu Hause reichen auch einfache Decken oder kleine Teppiche. Die Tagesmütter, die die Matten verwendet haben, schätzen sie sehr, **denn jedes Kind hat seinen eigenen Bereich und stört die daneben spielenden Kinder nicht.** Dies fördert den respektvollen Umgang miteinander und stellt die dem einzelnen Kind entgegengebrachte Aufmerksamkeit in den Vordergrund.

Ich habe in Schulen mit Kindern gearbeitet, die oft an Tischen sitzen. Deshalb biete ich ihnen gern an, auf Matten zu arbeiten, die ihren eigenen Bereich darstellen, „ihr eigenes kleines Haus". Sie können wählen, ob sie dort für sich allein bleiben oder andere Kinder einladen, sich mit ihrem „Haus" neben sie zu setzen.

EIN TABLETT TRAGEN LERNEN

Ziel dieser Übung ist es, den Gleichgewichtssinn zu entwickeln sowie Kraft in den Armen und Händen, Selbstvertrauen und die Fähigkeit, das Material auf einem Tablett allein zu transportieren und wegzuräumen.

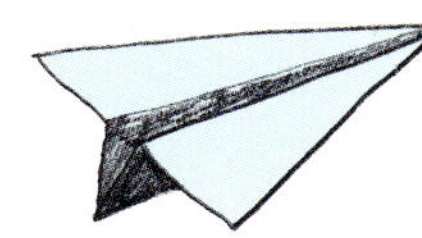

Worin besteht diese Übung?

Sie brauchen:

- Ein Tablett
- Plastikbecher, Gläser oder Becher aus Keramik
- Eine Schnur
- Klebeband

- Zeigen Sie dem Kind, wie es ein leeres Tablett trägt, indem Sie seine Hände mittig an beide Seiten des Tabletts legen. Geben Sie dem Kind die Möglichkeit, im Raum oder sogar draußen, mit einem leeren Tablett zu üben.
- Sobald es sich sicher fühlt, stellen Sie einen Gegenstand auf das Tablett (eine Schüssel, ein Glas ...), der von einem Ort zum anderen getragen werden muss. Ähnlich wie beim Möbelpacker-Spiel.
- Befestigen Sie dann mit Klebeband eine Schnur auf dem Boden. Das ist der Weg, den das Kind mit dem Tablett zurücklegen muss.
- Wenn sich das Kind sicher fühlt, schlagen Sie ihm vor, den Weg mit beladenem Tablett und verbundenen Augen zu gehen.

Sie können das Spiel unendlich variieren: mit einem oder mehreren Behältern, leer oder voll. Diese Art von Aktivitäten lassen sich z. B. im Motorikraum einer Schule oder einfach in einem langen Flur durchführen.

Woher bekommen Sie Tabletts?

Um sich mit Tabletts auszustatten, die Sie für mehrere Aktivitäten benötigen, müssen Sie nicht unbedingt Tabletts aus Holz benutzen, die oft recht teuer sind. Ich finde meine zu sehr niedrigen Preisen auf Flohmärkten oder in „Krempelgeschäften". Verwenden Sie am besten aus natürlichen Materialien gefertigte Tabletts.

Wenn Sie handwerklich ein wenig begabt sind, können Sie sie auch selbst herstellen – mit einem rechteckigen, dünnen Stück Sperrholz und einigen Holzleisten für den Rahmen, die Sie mit einer Heißklebepistole befestigen.

Für ein Spiel, das nicht viel Gewicht hat, verwenden Sie einfach den Deckel eines Schuhkartons.

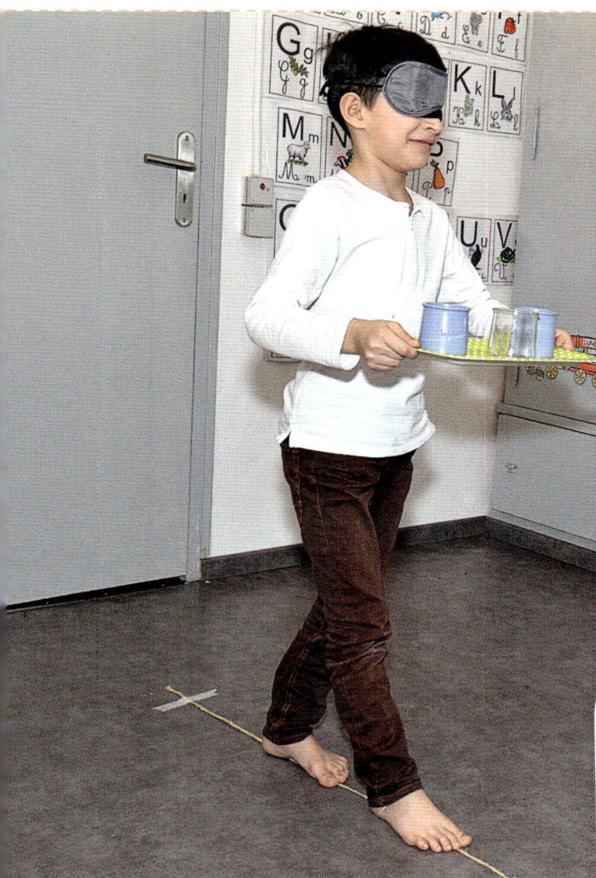

„Am liebsten mache ich die Übung, bei der man mit einem Tablett über eine Schnur läuft. Zum Schluss hat man die Augen geschlossen und man spürt die Schnur unter den Füßen."

Alexander, 6 Jahre

EIN TABLETT ZUR SELBSTBEDIENUNG

Das ist das erste Tablett, das ich nach meiner Ausbildung eingeführt habe. Von diesem Tablett können sich die Kinder immer dann etwas zum Trinken nehmen, wenn sie Durst haben, und nicht erst, wenn ihnen etwas angeboten wird. Ich habe festgestellt, dass Kinder mehr trinken, wenn sie selbst entscheiden können.

Das Material vorbereiten

- Bei diesem Tablett ist eine kleine Einführung erforderlich, damit beim Eingießen nichts danebengeht. Dazu können Sie das Schütt- und Gießspiel (S. 66) benutzen.
- Das Tablett wird an einem Ort aufgestellt, den das Kind sehen und gut erreichen kann. Es sollte vor allem immer am selben Ort stehen, damit das Kind es leicht wiederfindet, wenn es Durst hat.
- **Für ganz Kleine,** die noch nicht gelernt haben, sich selbst etwas einzugießen, kann für jedes Kind auf dem Tablett ein eigener Trinklernbecher bereitgestellt werden.

„KLEINE DUMMHEITEN" SELBST BEHEBEN LERNEN

Der Begriff „Dummheit" ist eigentlich nicht ganz richtig, denn wenn wir Erwachsene aus Versehen ein Glas zerbrechen, werden die Scherben weggeräumt, ohne dass jemand schimpft oder bestraft wird.

Wie leitet man die Kinder richtig an?

Sie brauchen:

- Einen kleinen Besen
- Ein Kehrblech
- Einen Handfeger
- Ein Handtuch
- Einen Schwamm
- Einen kleinen Wischmop
- Einen Eimer

Geben wir den Kindern die Gelegenheit, ihre „kleinen Dummheiten" selbst auszubügeln, indem wir ihnen alles zur Verfügung zu stellen, was sie dafür benötigen. Die Kinder gewinnen dadurch Selbstvertrauen. Sie lernen, dass man im Leben Fehler machen darf – auch Erwachsene machen welche – und dass es immer einen Weg gibt, diese Fehler wieder zu beheben.

- Die Materialien müssen sich immer am selben Ort und in Reichweite der Kinder befinden.
- Wenn ein Kind sein Getränk verschüttet, obwohl Sie gerade erst geputzt haben, regen Sie sich nicht auf! Atmen Sie tief durch und bieten Sie dem Kind an, dass sie es gemeinsam mit einem Schwamm aufwischen. Das nächste Mal kann das Kind versuchen, sein Missgeschick allein zu beheben.

„Mama, ich habe den Wassernapf von der Katze umgestoßen, aber ich habe alles mit Küchenrolle wieder aufgewischt. Ich hab dich nicht gerufen, weil ich es ganz allein saubermachen konnte."

Anton, 6 Jahre

DIE WEIßE LINIE

Die weiße Linie ist ein weißer Kreis, der das Kind dabei unterstützt, Aufmerksamkeit, Konzentration, Körperbeherrschung, Gleichgewichtssinn und Selbstvertrauen zu entwickeln. Für Maria Montessori verknüpft diese Übung Körper und Geist miteinander.

Das Material vorbereiten

Sie brauchen:

- Klebeband
- Eine Decke oder ein Laken

- Bringen Sie das Klebeband in einer ovalen Kreisform und in der gewünschten Größe auf der Decke oder dem Laken auf.
- Damit die Kinder genügend Raum haben, empfehle ich, dass Sie ein etwa 3 m langes und 2 m breites Oval abkleben.

Wozu dient der weiße Kreis?

Bieten Sie dem Kind an, Sie zu beobachten oder Ihnen nachzugehen, während Sie in kleinen langsamen Schritten die weiße Linie abgehen …
Sie können hierbei verschiedene Varianten ausprobieren: gehen wie eine Ameise, ein Elefant, eine Schildkröte, ein Hase, ein Frosch usw.

Schlagen Sie vor, dabei ein Tablett mit beiden Händen zu tragen, mit nur einer Hand, mit zwei Gläsern, zuerst aus Plastik, dann aus Glas, zunächst leer, dann mit Wasser gefüllt …
In einer weiteren Variante ohne Tablett können Sie Körperteile in das Spiel einbinden. Lassen Sie das Kind zeigen: „Wo ist meine Nase, mein Rücken, mein Gesicht, mein Knie …?“
Sie können sich auch um den weißen Kreis herum versammeln und sich gegenseitig Geschichten oder Erlebnisse erzählen.
Die Kinder können sich in den weißen Kreis oder außerhalb hinsetzen und sich austauschen.

„GUTE MANIEREN“

Die Gruppe ist ein Abbild unserer Gesellschaft. Gegenseitiger Respekt ist die Voraussetzung für ein harmonisches Miteinander in der Gruppe.

Gegenseitigen Respekt lernen

Gegenseitiger Respekt ist eine Einstellung, zu der das Kind hingeführt werden kann, indem:

- es selbst und all seine Bedürfnisse respektiert werden.
- man ihm seine eigene Existenz bewusst macht.
- man ihm beibringt, andere und den Raum, den sie benötigen, zu respektieren.
- man ihm alles mitgibt, um sich sicher, unabhängig und selbstständig zu fühlen.

Es ist unser natürliches und alltägliches Verhalten, das dem Kind dieses Verständnis für zwischenmenschliche Beziehungen mit auf den Weg gibt. **Erwachsene sind Vorbilder für das Kind.**

Dies äußert sich z. B. in:

- Ausdrücken von Höflichkeit: „Guten Tag“, „Danke“, „Bitte“, „Auf Wiedersehen“ ...
- Freundlichkeit: ein Lächeln, etwas teilen, sich gegenseitig helfen ...

Diese Worte und Aufmerksamkeiten sollten vor allem von Erwachsenen im Umgang miteinander, aber auch gegenüber den Kindern verwendet werden, wenn Sie möchten, dass Kinder sie in ihre Sprache und Gewohnheiten übernehmen. Häufig vergessen wir zum Beispiel, uns bei Kindern für ihre Hilfe zu bedanken, weil uns das selbstverständlich erscheint.
Das einzuüben, wird besonders am Anfang manchmal nicht leicht sein, aber mit der Zeit wird es zur Gewohnheit werden. Sogar Ihr Tonfall ändert sich dann und wird weicher. Das ist wichtig, wenn Sie auf eine Rückmeldung des Kindes hoffen.
Beispiele: Anstatt zu sagen „Hol mir eine Flasche Wasser!“, „Heb mal den Stift auf!“ usw. könnten wir doch sagen „Könntest du mir bitte eine Flasche Wasser holen? Danke.“ oder „Kannst du mir bitte helfen, den Stift aufzuheben?“ und uns im Anschluss bedanken: „Vielen Dank für deine Hilfe.“

Das Beispiel der kleinen Pausen

Ich organisiere gern mit den Kindern kleine Pausen am Vor- oder Nachmittag. **Jedes Kind hat dabei eine feste Rolle, die sich ändern oder weiterentwickeln kann,** je nachdem, welche Fähigkeiten oder Interessen ein Kind hat. So bereitet ein Kind einen kleinen Snack vor und schält und schneidet Obst oder zählt Kuchenstücke je nach der Anzahl der Kinder ab. Wenn sich die Kinder dann um den Tisch versammelt haben, geht ein anderes Kind mit einem Teller herum. Jeder bedient und bedankt sich. 1 oder 2 Kinder kümmern sich anschließend darum, den Tisch abzuräumen und sauberzumachen. **Alle nehmen ihre Rolle dabei sehr ernst.** Mit einem „Dankeschön" wird ihre Arbeit anerkannt und wertgeschätzt.

FREIES MALEN UND AUSSTELLUNG DER WERKE

Kinder lieben es sehr, mit einem Pinsel, aber auch mit den Fingern zu malen. Ihnen diese Freiheit zu lassen, fördert ihre Fantasie und Kreativität.

Das Material vorbereiten

Sie brauchen:

- Eine Staffelei
- Eine große Rolle Papier zum Abrollen
- Gläser, z. B. Babybrei-Gläschen
- 3 Farbtuben
- 3 Pinsel
- Eine Schürze pro Kind

- Zeigen Sie dem Kind, wie es die Materialien benutzen kann. Verwenden Sie zunächst 3 Farben, um dem Kind beizubringen, den Pinsel wieder in die richtige Farbe zu tauchen.
- Später können Sie die Anzahl der Farben erhöhen.

„Ich habe viele Bilder mit vielen kleinen Punkten gesehen."
Louise, 4 Jahre, nach einem Besuch im Musée d'Orsay

Wie wird die Aktivität organisiert?

Sie können auf einem kleinen Tisch Poster, Postkarten oder Bücher mit Reproduktionen bekannter Maler auslegen – zur Inspiration für das Kind und zur Erweiterung seiner kulturellen Kenntnisse. Ich persönlich zeige den Kindern gern Kandinsky, Delaunay …
Hängen Sie die Werke anschließend auf einer Wäscheleine auf, wie in einem Museum.

Aus 2 Haken, einer Schnur und Wäscheklammern können Sie etwas basteln. Die Kinder lieben es, ihre Zeichnungen auszustellen und zu zeigen.
Auch wenn Ihre Kinder noch klein sind, haben Sie keine Scheu, sie ins Museum mitzunehmen und Gemälde oder Skulpturen mit ihnen zu bewundern. Sie werden „die Dinge" anders als Sie wahrnehmen.

Sie werden andere Details sehen, ihre Kreativität wird geweckt und nach und nach werden sie die Kunst schätzen. Informieren Sie sich vor Ihrem Besuch: An einigen Orten werden spezielle Veranstaltungen für Kinder oder sogar Tage mit freiem Eintritt angeboten.

PRAXIS-ÜBUNGEN

Mit den Praxis-Übungen können Tätigkeiten des Alltags geübt werden; sie bieten dem Kind die Möglichkeit, *seine Selbstständigkeit zu entwickeln*. Nachfolgend finden Sie einige, die Sie leicht zu Hause umsetzen können.

„Das Kind ist der Baumeister seiner selbst und es gibt keinen Menschen, der nicht von dem Kind geformt wurde, das er einmal war."

Maria Montessori

ANZIEHRAHMEN

Das Material „Anziehrahmen" greift eine Schwierigkeit auf, die dem Kind in seinem Alltag begegnet. Es wechselt die Handgriffe zum Öffnen und Schließen von Kleidungsverschlüssen (insbesondere Knöpfen) ab.

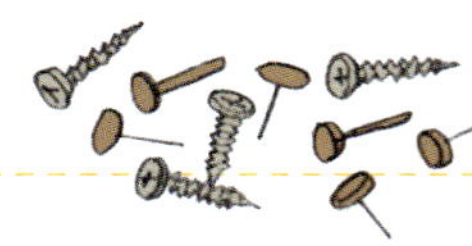

Den Rahmen basteln

Sie brauchen:

- 4 Holzrahmen à 30 x 40 cm
- Ein Kinderhemd
- Gebrauchte Kleidung mit einem Reißverschluss, Klettverschluss etc.
- Schnürsenkel oder Bänder in verschiedenen Farben
- 16 Tapetennägel

- Für jede Verschlussart stellen Sie einen Rahmen her: einen Anziehrahmen mit Knöpfen, einen Rahmen mit Reißverschluss, einen Rahmen mit Klettverschlüssen und einen Rahmen mit 2 Stoff-Stücken.
- Klappen Sie die Ärmel des Hemdes auf die Rückseite des Rahmens oder schneiden Sie sie ab. Befestigen Sie das Hemd mit Tapetennägeln am Holz.
- Gehen Sie bei den anderen Kleidungsstücken genauso vor. Schneiden Sie die Stoffe auf das Format des Rahmens zu und fixieren Sie sie an allen vier Ecken mit Tapetennägeln.
- Beim vierten Rahmen nähen Sie auf beiden Seiten der Stoffstücke Schnürsenkel oder Bänder fest.

Variante: Sie können auch ein Paar Schuhe auf eine Sperrholzplatte kleben. Planen Sie hierbei 2 Bretter ein: eines für Schnürschuhe, das andere für Schuhe mit Klettverschluss.

Dem Kind die Aktivität vorstellen

Sie sollten sich unbedingt ausreichend Zeit nehmen, um das Material vollständig vorzustellen, **damit das Kind im ersten Schritt durch Beobachtung die „richtigen Handgriffe" lernt,** insbesondere für den Rahmen mit den Schnürsenkeln. Wichtig sind langsame, präzise Bewegungen, die dem Kind jeden Richtungswechsel zeigen.

Im zweiten Schritt lassen Sie das Kind einen Rahmen wählen. Möglicherweise müssen Sie ihm die Abläufe mehrmals zeigen.

„Ich habe aus 30 x 40 cm langen Holzleisten und kleinen, an die Ecken geschraubten Winkeln, 2 Anziehrahmen gebaut: einen mit Knöpfen, den anderen mit Schnürsenkeln. Ein dritter mit Reißverschluss wartet darauf, fertiggestellt zu werden. Der Vorteil der Winkel ist, dass du sie zum Waschen des Stoffes wieder lösen kannst, was mit einem fertigen Rahmen nicht möglich ist ..."

Corinna, Tagesmutter

DEN TISCH DECKEN

Bereits ganz kleine Kinder lieben es, Erwachsene nachzuahmen und die Verwendung von Besteck ist nicht nur für den Alltag nützlich. Dieses Aktionstablett vermittelt auch Geschicklichkeit.

Das Material vorbereiten

Sie brauchen:

- Ein Tablett
- Ein weißes Tischset oder die Rückseite eines Tischsets
- Einen wasserfesten Filzstift
- Eine Gabel und ein Messer für Kinder (aus Metall oder Kunststoff) und verschieden große Löffel
- Einen Kinderteller
- Ein Glas

- Verwenden Sie möglichst kein Plastik, damit das Gewicht der Gegenstände nicht verfälscht wird.
- Zeichnen Sie mit dem wasserfesten Stift die Umrisse von Besteck und Geschirr auf das Tablett. Das Kind findet so ganz leicht ihren Platz.

„Das ist wie zu Hause,
aber zu Hause macht
das Mama!"
Rose, 3 Jahre

Dem Kind die Aktivität vorstellen

- Benennen Sie alle Gegenstände für das Kind, z. B.: „Das ist eine Gabel."
- Zeigen Sie ihm die Position der Gegenstände auf dem Tablett und schlagen Sie ihm dann vor, es allein zu machen. Wie bei jeder Aktivität übt das Kind unter Ihrer Aufsicht.
- Wenn das Kind fertig ist, kann es das Tablett an seinen Platz räumen.
- **Für die ganz Kleinen** können Sie mehrere Tabletts entsprechend dem Alter der Kinder vorbereiten, indem Sie mehr oder weniger Gegenstände (z. B. eine Tasse, eine Untertasse, ein Löffelchen, eine Schüssel ...) verwenden.

HANDTÜCHER FALTEN

Lernen, wie man ein Handtuch in der Mitte faltet, um es zusammenzulegen.

Praktische Tipps

Sie brauchen:

- Quadratische Stoffservietten
- Ein Tablett oder einen Korb

- Zeigen Sie dem Kind, wie es die Serviette vorsichtig, Ecke auf Ecke, zusammenlegt – einmal – und dann ein zweites Mal.
- Anschließend können Sie ihm vorschlagen, die anderen Servietten genauso zu falten.
- Wenn es fertig ist, legt das Kind die Servietten auf das Tablett und stellt alles zurück an seinen Platz.

Tipp: Sie können mit einem Filzstift Linien aufmalen oder einen Punkt aufnähen, um dem Kind damit beim Falten zu helfen.

DAS FLASCHENSPIEL

Das ist ein einfaches und schnell herzustellendes Material, das sich auf lustige Weise und dank unterschiedlich großer Deckel und Flaschenöffnungen mit dem Begriff „Durchmesser“ beschäftigt.

Dem Kind die Aktivität erklären

Sie brauchen:

- Eine Kiste
- Ein Schälchen
- Eine Vielzahl kleiner Flaschen, entweder aus Plastik oder Glas, mit Deckeln, in unterschiedlichen Formen, Farben und mit verschiedenem Durchmesser

- Legen Sie die Deckel in ein Schälchen und stellen Sie die Flaschen in die Kiste.
- Erklären Sie dem Kind, dass es zu jeder Flasche den richtigen Deckel finden soll.

Lassen Sie die Kinder vorgehen, wie sie möchten. Es ist faszinierend, sie dabei zu beobachten, denn jedes hat einen eigenen Ansatz.

Lustige Wasserverkostung

Kaufen Sie verschiedene, kleine Wasserflaschen – solche, die Sie auch einzeln bekommen – **und schlagen Sie den Kindern eine „Wasserverkostung" vor.** Da gibt es Mineralwasser mit oder ohne Sprudel – und so stellen die Kinder fest, dass jedes Wasser einen anderen Geschmack hat.

„Ich mag das Spiel mit den Flaschen. Ich suche die Deckel und danach stelle ich die Flaschen in eine Reihe. Das ist schön!"

Oscar, 7 Jahre

DIE DOSENKISTE

Dieses Spiel dient der Entwicklung von Geschicklichkeit, indem unterschiedliche Dinge geöffnet und geschlossen werden.

Dem Kind die Aktivität erklären

Sie brauchen:

- Eine Kiste
- 10 Gegenstände mit unterschiedlichen Schließmechanismen (Portemonnaie, Mäppchen mit Reißverschluss, kleine Parfumfläschchen, Marmeladenglas …)

- Legen Sie die Dinge in eine Kiste.
- Nehmen Sie eines der verschlossenen Dinge in eine Hand, berühren Sie den Verschluss mit Ihrer anderen Hand und führen Sie dann die zum Öffnen benötigte Bewegung aus (Drehen, Drücken, Pressen). Verschließen Sie es wieder und zeigen Sie danach dem Kind, wie es eines der anderen Dinge öffnet.
- Sie können auch das Kind selbst herausfinden lassen, wie es die Dinge öffnet und schließt. Sobald es die Aktivität gut beherrscht, können Sie die Anzahl der Gegenstände erhöhen.
- Nutzen Sie die Gelegenheit und zeigen Sie dem Kind, wie es ohne Gefahr eine Tür, eine Schublade oder einen Schrank öffnet.

Kleine Behältnisse aufstöbern

Sie werden Behältnisse aller Art, manchmal mit den **erstaunlichsten Verschlüssen,** zu kleinen Preisen auf Floh- und Trödelmärkten finden. Die Kiste kann nach Belieben mit Ihren Fundstücken bestückt werden.

DIE HAARGUMMIFLASCHE

Sie unterstützt bei der Entwicklung von Geschicklichkeit und stärkt die Muskulatur der Finger.

Dem Kind die Aktivität erklären

Sie brauchen:

- Eine Glasflasche
- Haargummis
- Eine kleine Dose

- Streifen Sie die Haargummis über den Flaschenhals. **Achtung: Die Gummis nicht loslassen, damit sie nicht wegspringen!**
- Entfernen Sie die Haargummis von der Flasche. Schlagen Sie dem Kind vor, es Ihnen nachzumachen.
- Wenn das Kind fertig ist, zeigen Sie ihm, wie es die Haargummis in die kleine Dose legen kann.

„Ich mache gern Haargummis auf die Flasche, weil man die Flasche mit vielen Farben anzieht."

Leo, 4 Jahre

DAS LOCKENWICKLER-TABLETT

Ich werde oft gefragt, was das Ziel dieses Materials ist. Dann antworte ich: „Spaß – für die Kinder, die damit spielen, aber auch für die Großen!“ Das ist mein Lieblingsspiel!

Das Material vorbereiten

Sie brauchen:

- Eine Sperrholzplatte, 60 x 90 cm
- Ein Stück Kurzflorteppich, 60 x 90 cm
- 6 Nägel
- Lockenwickler in verschiedenen Farben und Größen
- Eine Dose

- Fixieren Sie den Teppich mit den Nägeln auf der Sperrholzplatte.
- Wenn Sie möchten, können Sie die Tafel an der Wand befestigen. Wenn Sie sie transportieren wollen, empfehle ich Ihnen eine Korkplatte anstelle von Sperrholz, da Kork leichter ist.
- **Dieses Material wird gerne von blinden Kindern verwendet.**

- Das Kind „klebt“ die Lockenwickler auf die Tafel. Es kann Bilder legen oder die Buchstaben seines Namens.
- Am Ende des Spiels muss das Kind die Lockenwickler zurück in die Dose räumen.

HÄNGESCHLÖSSER

Diese Aktivität unterstützt die Entwicklung der Fingermuskulatur und der Geschicklichkeit, vor allem durch das Hineinstecken und Drehen des Schlüssels, um das Schloss zu öffnen.

Dem Kind die Aktivität erklären

Sie brauchen:

- Eine Dose
- 3 (oder mehr) Hängeschlösser mit Schlüssel in unterschiedlichen Größen und Formen

- Erklären Sie dem Kind seine Aufgabe, die richtigen Schlüssel für die Schlösser zu finden, um sie zu öffnen.
- Wenn alle Schlösser geöffnet sind, muss das Kind sie wieder mit den Schlüsseln verschließen und in die Dose legen, damit der Nächste sie benutzen kann.
- Sie können die Anzahl der Schlösser erhöhen, je nachdem, wie viele Sie finden.
- Sie können die Dose auch mit Schrauben und Muttern in verschiedenen Größen ergänzen. Das Kind muss dann Paare finden.

„Ich mag die Schlösser. Es ist ein bisschen schwierig, aber ich mag es, den richtigen Schlüssel zu finden."
Latifa, 4 Jahre

AUF UND ZU

Mit diesem Spiel lernt das Kind das Öffnen und Verschließen von unterschiedlichen Verschlüssen, denen es im Alltag nicht so oft begegnet.

Sie brauchen:

- Eine dicke Sperrholzplatte
- 4 große Haken
- 4 unterschiedliche Verschlüsse: ein klassischer Karabiner, ein Karabiner mit Schraubverschluss, ein Schäkel, ein Bolzenkarabiner

Die Aktivität vorbereiten

- Fixieren Sie die Haken an der Sperrholzplatte.
- Befestigen Sie die Karabinerhaken und Schäkel an den Haken.
- Zeigen Sie dem Kind, wie es sie öffnen kann.
- Sobald alle Verschlüsse gelöst sind, zeigen Sie ihm, wie man sie wieder an den Haken befestigt und verschließt.

„Das ist ein bisschen anstrengend, man muss herausfinden, wie sie aufgehen. Man muss drehen, schrauben, zusammendrücken, ziehen, sich anstrengen und auch überlegen!“
Maximilian, 5 Jahre

DIE KAFFEEMÜHLE

Diese Aktivität bringt dem Kind bei, eine Kaffeemühle zu benutzen, die Kurbel zu drehen und lässt es dabei beobachten, wie die Kaffeebohnen zu Pulver werden.

Dem Kind die Aktivität erklären

Sie brauchen:

- Eine Kaffeemühle
- Kaffeebohnen
- Ein kleines Einmachglas

- Zeigen Sie dem Kind, wie die Mühle funktioniert: Füllen Sie Kaffeebohnen ein und drehen Sie die Kurbel ein paar mal. Anschließend öffnen Sie die Schublade und geben das Pulver in ein kleines Einmachglas.
- Sie können das Kind an den Bohnen und am Pulver riechen oder es beides berühren lassen.
- Weisen Sie es auf die Gefahren hin, die von der Klinge im Inneren ausgehen, die zum Mahlen der Kaffeebohnen benutzt wird.

Kleine Kaffeebecher

Nach dem Benutzen der Kaffeemühle kann jedes Kind ein kleines Einmachglas mit Kaffeepulver zu den Eltern mit nach Hause nehmen.

DAS LIEBESHERZ

Ein Nähspiel, bei dem man lernt, einen Schnürsenkel nach oben und unten zu führen.

Die Aktivität vorbereiten

Sie brauchen:

- Ein dickes Stück Filz oder Fotokarton in der Farbe Rot
- Einen Schnürsenkel
- Eine Perle
- Schere
- Nagelbohrer

- Zeichnen Sie ein Herz auf das Filzstück und schneiden Sie es aus.
- Machen Sie mit dem Nagelbohrer Löcher an die Ränder des Herzens.
- Knoten Sie die Perle an ein Ende des Schnürsenkels.
- Zeigen Sie dem Kind, wie es den Schnürsenkel durch die Löcher führt: einmal nach oben, einmal nach unten, dann wieder von vorn, bis das Herz umrundet ist.
- Schlagen Sie dem Kind vor, es allein zu tun.

Tipp von Celine, Tagesmutter

„Ich bastele Autos, kleine Männchen und andere Formen aus Karton und verwende unterschiedliche, dickere und dünnere Schnürsenkel."

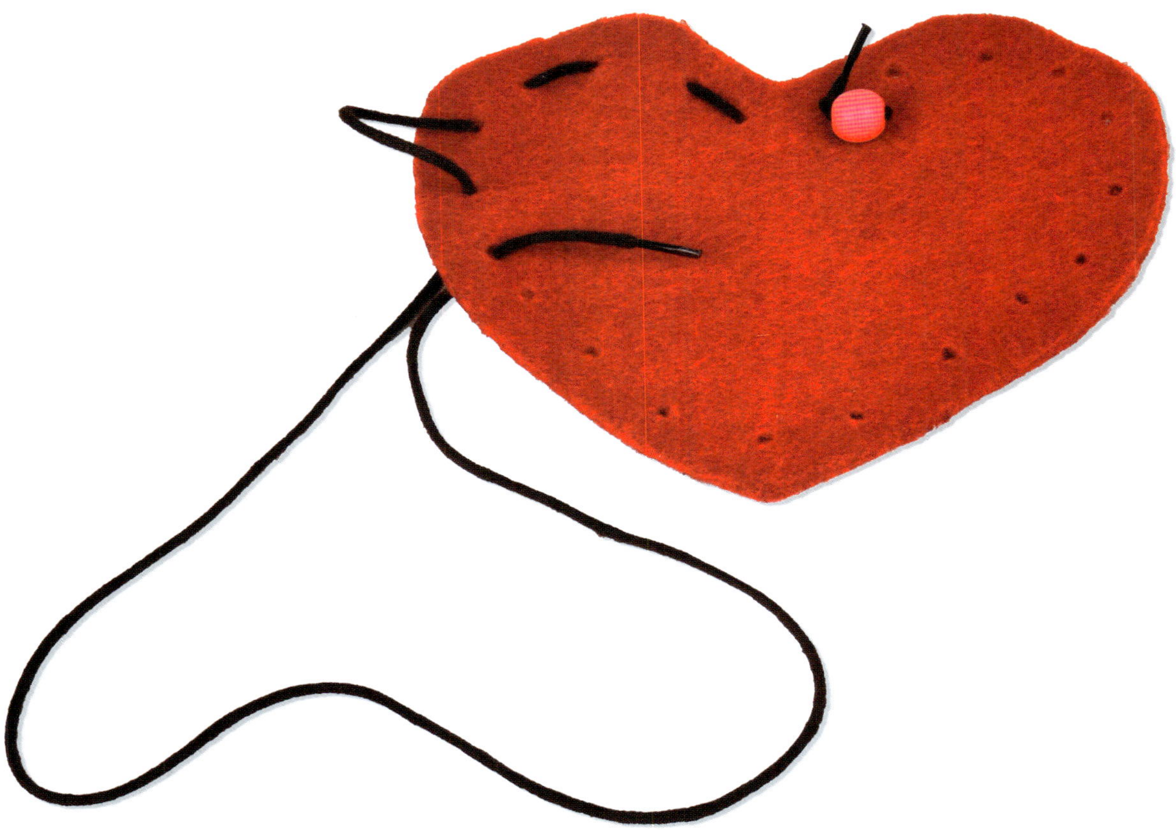

DIE WASCHWANNE

Mit dieser Aktivität können Erwachsene nachgeahmt werden, um das Waschen mit der Hand zu lernen: Einweichen, Schrubben, Auswringen, Aufhängen.

Die Aktivität vorbereiten

Sie brauchen:

- 2 Waschwannen
- Einen kleinen Wäschekorb
- Puppenkleider
- Einen kleinen Wäscheständer (wie man ihn herstellt, sehen Sie auf S. 148, „Der Wäscheständer“)
- Wäscheklammern
- Eine Tube Handwaschmittel

- Füllen Sie eine Waschwanne mit lauwarmem Wasser und Waschmittel, die andere mit klarem, lauwarmem Wasser. Stellen Sie den Wäscheständer auf und stellen Sie das Material zusammen.
- Kommentieren Sie jede Handlung langsam für das Kind: „Ich nehme ein Kleidungsstück aus dem Korb, tauche es in die Schüssel mit Wasser und Waschmittel und schrubbe es. Ich lege es in die andere Schüssel mit klarem Wasser, um es auszuspülen, ich wringe es aus. Dann hänge ich es mit einer oder mehreren Wäscheklammern auf den Wäscheständer.“
- Schlagen Sie dem Kind vor, es allein zu tun.

Variante mit Geschirr

Sie können eine Variante dieser Aktivität mit Geschirr vorschlagen. Dafür ersetzen Sie das Handwaschmittel durch Spülmittel, den Wäscheständer durch einen Geschirrständer, die Puppenkleider durch Puppengeschirr, und verwenden Sie zusätzlich ein Geschirrtuch zum Abtrocknen sowie einen Schwamm zum Schrubben.

„Ich wasche gern die Kleider für mein Baby: Sie kommen ins Wasser, das schäumt, und ich brauche Wäscheklammern. Dann fange ich von vorne an …"

Louise, 4 Jahre

EIN TABLETT ZUM SCHNEIDEN ÜBEN

Mit diesem Tablett wird das selbstständige Schneiden geübt.

Sie brauchen:

- Ein Tablett
- Eine zum Alter des Kindes passende Schere für Rechts- oder Linkshänder
- Papier
- Eine leere Schale für die ausgeschnittenen Papierstücke
- Eine Tube Kleber

Das Material vorbereiten

- Bereiten Sie ein Blatt mit waagerechten und senkrechten Streifen mit ca. 1,5 cm Abstand dazwischen vor.
- Kopieren Sie das vorbereitete Blatt, um einen kleinen Vorrat zu haben. Wenn die Kinder angefangen haben auszuschneiden, kann sie nichts mehr stoppen! Ich empfehle Ihnen, sich in Unternehmen, Büros und Geschäften mit Schmierpapier zu versorgen.
- Bereiten Sie das Tablett vor und legen Sie das Material darauf zurecht.

Dem Kind die Aktivität erklären

- Helfen Sie dem Kind, seine Finger richtig, mit den Daumen nach oben, in den Öffnungen der Schere zu positionieren: „Der Daumen schaut immer in Richtung Kinn", Zeigefinger und Mittelfinger kommen in die untere Öffnung.
- Zeigen Sie ihm, dass man die Schere öffnen und schließen muss, um zu schneiden.
- Nach und nach wird es in der Lage sein, zunächst kleinere Papierstücke zu schneiden, und dann längere, auf ein Papier gezeichnete Streifen.
- Wenn es mit dem Schneiden fertig ist, können Sie ihm vorschlagen, die kleinen Papierschnipsel auf ein Blatt in der Farbe seiner Wahl aufzukleben.

Variante

Sie können Werbeprospekte mit Obst, Gemüse und Haushaltsgegenständen sammeln. **Legen Sie sie in eine Schublade in Reichweite des Kindes.** Sobald es sich beim Schneiden sicher fühlt, kann es die Bilder ausschneiden und aufkleben.

SCHÄLEN, SCHNEIDEN, KNACKEN, PRESSEN

Diese Aktivität trägt zur Entwicklung der Fingerfertigkeit bei und übt die Verwendung von unterschiedlichen Küchenutensilien.

Dem Kind die Aktivität erklären

Sie brauchen:

- Ein Messer mit einer abgerundeten Spitze
- Einen Sparschäler
- Einen Nussknacker
- Eine Zitruspresse
- Nüsse
- Eine Banane und andere Früchte
- Einen Teller
- Zeitungspapier
- Eine Stoffschürze

- Erklären Sie dem Kind, dass es eine Schürze tragen soll, um sich nicht schmutzig zu machen.
- Zeigen Sie ihm, wie man eine Banane auf einem Teller in Scheiben schneidet und die Schale auf ein Stück Zeitungspapier legt. Zeigen Sie ihm, wie man eine Nuss knackt, eine Karotte schält und eine Apfelsine auspresst.
- Lassen Sie das Kind **je nach Alter** auch anderes Obst und Gemüse schneiden, knacken und raspeln, um einen Snack zuzubereiten oder ein Rezept nachzukochen.
- Sobald es fertig ist, macht das Kind sauber und räumt die von ihm benutzten Utensilien weg. Es kann die Abfälle für den Kompost, eine Gemüsesuppe oder das Beet im Garten sortieren.

Der Zauberapfel

Für Äpfel benutze ich einen Apfelschäler. Das ist eine „Maschine“, die die Kinder sehr lieben. Sie ist ein bisschen magisch, ich nehme sie oft in die Gruppen mit.

„Abrakadabra, es dreht sich!“
Mit einem Handkurbeldreh schält sie den Apfel, entfernt das Kerngehäuse und schneidet ihn in Scheiben! Einen Zauberapfel zu essen, ist noch viel besser!

STIFTE ANSPITZEN

Diese Aktivität übt das Anspitzen von Stiften und verfolgt erneut das Ziel, mehr Selbstständigkeit sowie die Beweglichkeit der Finger zu entwickeln.

Dem Kind die Aktivität erklären

Sie brauchen:

- Buntstifte
- Einen Spitzer aus Aluminium
- Eine Schale für die Abfälle

- Zeigen Sie, wie man den Spitzer und den zu spitzenden Stift hält. Dann drehen Sie den Stift, um das Ende anzuspitzen.
- Schlagen Sie dem Kind vor, es allein zu tun.

Tipp: Die Kinder können die Abfälle sammeln, um daraus ein originelles und farbenfrohes Kunstwerk zu basteln.

MADE IN GERMANY
STAEDTLER
EVOLUTION
BIC

PRICKELN

Die Kinder lieben dieses Material sehr und es ist eine Vorübung zum Halten eines Stifts. Es ist nicht gefährlich, wenn die Übung in Ruhe und unter Aufsicht eines Erwachsenen ausgeführt wird.

Das Material vorbereiten

Sie brauchen:

- Ein Tablett
- Eine Prickelnadel
- Blätter mit Zeichnungen, die ausgeprickelt werden können
- Ein Stück Kork oder, wie auf dem Foto, eine PVC-Bodenfliese

- Um eine Prickelnadel selbst zu basteln, kleben Sie mit der Heißklebepistole einen langen Nagel mit flachem Kopf zwischen die Hälften einer Wäscheklammer.
- Nach Prickelvorlagen können Sie im Internet suchen.

- **Warum nicht auch selbst Vorlagen herstellen?** So können Sie das Spiel je nach Jahreszeit variieren, zum Beispiel mit einem Tannenbaum, einem Blatt usw.

Dem Kind die Aktivität erklären

- Das Kind bohrt mit der Prickelnadel kleine Löcher, die das Bild ergeben. Wenn es fertig ist, kann das Motiv herausgelöst werden. Das Kind kann es nun verzieren und sowohl das ausgestanzte Motiv als auch die leere Vorlage aufkleben.
- Sobald das Kind fertig ist, legt es das Material zurück auf das Tablett und räumt es auf.

GIEßEN UND UMFÜLLEN

Da die Kinder Übungen zum Gießen und Umfüllen lieben, können Sie damit auch beginnen. *Außerdem sind sie für ihre Entwicklung von entscheidender Bedeutung.* Die Spiele erfordern wenig Material und können schnell aufgebaut werden. Hier finden Sie einige Ideen für den Anfang. Später können Sie sich weitere Spiele ausdenken.

„Der Geist des Kindes kann vielleicht einen wirklichen Fortschritt der Menschen und, unter Umständen, sogar den Anbruch einer neuen Kultur herbeiführen."

Maria Montessori

WASSER AUS EINEM KRUG GIEßEN

Mit dieser Übung lernen die Kinder, sich selbst ein Getränk einzuschenken – und das, ohne das Glas überlaufen zu lassen, was ihnen oft passiert.

Das Material vorbereiten

Sie brauchen:

- Ein Tablett
- Einen kleinen Krug
- 2 Gläser
- Farbiges Klebeband
- Einen Reinigungsschwamm
- Einen Trichter

- Markieren Sie mit dem farbigen Klebeband, bis wohin der Krug und die Gläser mit Wasser gefüllt werden sollen.
- Arrangieren Sie den Krug, die 2 Gläser, den Trichter und den Schwamm auf dem Tablett.
- **Für ganz Kleine** können Sie leere Joghurtbecher anstelle von Gläsern verwenden.

Jetzt ist das Kind mit Spielen dran!

Das Kind kann zunächst üben, den Krug am Wasserhahn mit Wasser zu füllen; dann kann es das Wasser in beide Gläser gießen und dabei versuchen, die vorgegebene Füllhöhe einzuhalten. Um das Wasser in den Krug zurückzuschütten, benutzt das Kind den Trichter.

Sobald die Aktivität beendet ist, räumt das Kind das Tablett auf. Der Schwamm wird zum Aufwischen gebraucht, falls etwas auf das Tablett verschüttet wurde.

AUS ZWEI KÄNNCHEN GIEẞEN

Diese Aktivität ermöglicht es dem Kind, seine Geschicklichkeit, die Muskeln der rechten und linken Hand, sowie die Koordination und die Genauigkeit der Bewegungen zu trainieren. Es lernt die Begriffe „Leeren" und „Füllen".

Das Material vorbereiten

Sie brauchen:

- Ein kleines Tablett
- 2 Kännchen aus Glas oder Keramik
- Etwas Wasser

- Erklären Sie dem Kind die Aktivität, indem Sie das volle Kännchen auf die rechte Seite stellen und mit der rechten Hand vorsichtig dessen gesamten Inhalt in das zweite Kännchen gießen.
- Wiederholen Sie den Vorgang mit der linken Hand.
- Bieten Sie dem Kind an, es selbst zu tun, wenn es möchte.
- **Für den Fall, dass Wasser verschüttet wird,** legen Sie einen Schwamm zum Aufwischen auf dem Tablett bereit.
- Wenn die Aktivität beendet ist, räumt das Kind das Tablett weg.

Tipp: Wenn das Kind diese Aktivität gut beherrscht, können Sie das Wasser durch Sand oder auch durch Hülsenfrüchte ersetzen (Kichererbsen, Linsen, Bohnen usw.). Anstelle des Reinigungsschwamms legen Sie dann einen kleinen Handfeger und eine Schaufel zum Aufkehren bereit.

„Ich mag das Gießspiel mit Wasser, es tut mir gut, das beruhigt mich. Danach nehme ich Linsen."
Camilla, 7 Jahre

„Ich mag die Körner im Kännchen, weil es lustig ist."
Jade, 4 Jahre

SCHÜSSELN UMFÜLLEN

Diese Aktivität trainiert die Muskulatur in den Fingern, das Greifen sowie die Fähigkeit, den Inhalt einer Schüssel in eine andere umzufüllen.

Dem Kind die Aktivität vorstellen

Sie brauchen:

- Ein Tablett
- 2 kleine Schüsseln
- Ein bisschen Reis oder rote Linsen, weil sie hübsch sind!
- Einen Suppenlöffel

- Bereiten Sie das Tablett mit dem Löffel und den 2 Schüsseln vor: die leere Schüssel nach links, die mit Reis oder Linsen gefüllte nach rechts.
- Beginnen Sie, mit dem Löffel den Inhalt der vollen Schüssel in die leere umzufüllen, und beschreiben Sie dem Kind dabei Ihre Bewegungen.
- Wiederholen Sie den Vorgang mit der linken Hand.
- Schlagen Sie dem Kind vor, das Gleiche zu tun.
- Sobald die Aktivität beendet ist, bitten Sie das Kind, das Tablett wegzuräumen.

Die Schwierigkeit erhöhen

Nach häufigem Gebrauch dieses Materials können Sie das Tablett verändern, indem Sie das Werkzeug zum Umfüllen austauschen. Ein Eisportionierer zum Beispiel gibt dem Kind eine gute Möglichkeit, sein Handgelenk zu benutzen. **Oder Sie können auch die Behältnisse wechseln** und größere Salatschüsseln verwenden. Dann werden die Hülsenfrüchte von der einen in die andere Schüssel gefüllt, indem mit beiden Händen oder mit einer Kelle geschöpft wird.

MIT EINER PINZETTE UMFÜLLEN

Bei dieser Aktivität werden Muscheln mit einer Pinzette von einer Schüssel in eine andere gefüllt, gleichzeitig wird die Muskulatur der Finger gestärkt.

Dem Kind die Aktivität erklären

Sie brauchen:

- Ein Tablett
- 2 gleich große Schüsseln
- Muscheln, Knöpfe, Korken, Körner usw.
- Eine Pinzette (Einmalpinzette aus Plastik) oder eine Epilierpinzette

- Bereiten Sie das Tablett mit der Pinzette und den beiden Schüsseln vor: die leere Schüssel nach links, die mit Muscheln gefüllte nach rechts.
- Beginnen Sie, die Muschelschalen mit der Pinzette von der einen in die andere Schüssel umzufüllen, und beschreiben Sie dem Kind dabei, was Sie machen.
- Wiederholen Sie den Vorgang mit der linken Hand.
- Schlagen Sie dem Kind vor, es nun genauso zu machen und die Muscheln von der einen in die andere Schüssel umzufüllen.
- Sobald die Aktivität beendet ist, bitten Sie das Kind, das Tablett wegzuräumen.

Tipp: Sie können hier auch anderes Werkzeug verwenden (Zuckerzange, Eiswürfelzange, Teezange, Grillzange ...).

„Ich mag die Zuckerzange, sie sieht aus wie Krallen, die sich öffnen und schließen, um einen Gegenstand zu greifen.“

Lisa, 4 Jahre

DIE WASSERWANNE

Mit dieser Aktivität kann das Schütten und Umfüllen auf verschiedene Art und Weise geübt werden, indem ganz unterschiedliche Behältnisse benutzt werden. Ein perfektes Spiel für draußen!

Die Aktivität vorbereiten

Sie brauchen:

- Eine Wanne
- Flaschen, Siebe, Gießkannen, Löffel, Trichter ...

- Füllen Sie die Wanne mit Wasser.
- Bei dieser Aktivität müssen Sie nichts vormachen, denn die Kinder werden ganz von selbst und sehr schnell Spaß beim Umschütten, Auffüllen, Ausleeren und Gießen haben ...

Variante mit Grieß

Je nach Jahreszeit **können Sie das Wasser durch Grieß ersetzen.** Legen Sie dann eine Matte unter die Wanne, um die Körnchen auffangen zu können.

DER MINI-SANDKASTEN

Dieses Spiel hilft beim Entspannen und Beruhigen, da man kleine Werkzeuge zum Umfüllen des Sands benutzt. Ich biete es den Kindern oft an, um zur Ruhe zu kommen.

Die Aktivität vorbereiten

Sie brauchen:

- Eine Kiste aus Holz oder Plastik mit Deckel (33 x 41 cm; 6,5 cm hoch)
- Eine Schaufel
- Einen Rechen
- Einen kleinen Stock
- Sand
- Kleine Steine oder Muscheln

- Füllen Sie die Kiste mit Sand. Legen Sie das übrige Material dazu.
- Zeigen Sie dem Kind, dass man die Finger, eine Schaufel oder andere Gegenstände benutzen kann, um Sand umzufüllen und um Muster, Bilder und Buchstaben in den Sand zu malen und wieder wegzuwischen.
- Es ist auch möglich, die Objekte mit Sand zu bedecken, damit sie verschwinden, und sie dann wieder auszugraben.

Tipp: Zur Begleitung dieser Aktivität setze ich leise Musik mit Naturgeräuschen ein.

„Ich male gern im Sand,
weil er so weich ist.“
Laura, 5 Jahre

DIE SPRITZEN

Diese Übung trainiert die Geschicklichkeit und die Kraft in Fingern und Handgelenken.

Dem Kind die Aktivität erklären

Sie brauchen:

- Ein Tablett
- 2 gleiche Gläser
- Eine kleine Flasche Wasser
- Spritzen ohne Nadel in unterschiedlichen Größen
- Einen kleinen Trichter

- Drehen Sie den Deckel der Wasserflasche auf, schütten Sie den Inhalt in eines der beiden Gläser und füllen Sie das Wasser dann mithilfe einer Spritze in das andere Glas um.
- Es ist wichtig, die Gegenstände zu benennen: „Das ist eine Spritze, die nicht pikst. Eine Spritze ist ein Instrument, mit dem man beim Arzt einen kleinen Piks bekommt." „Das ist ein Trichter."
- Diese Handlungen können abwechselnd mit beiden Händen ausgeführt werden.
- Wenn die Aktivität beendet ist, muss nur das Wasser mithilfe des Trichters wieder zurück in die Flasche gegossen und die Flasche verschlossen werden.

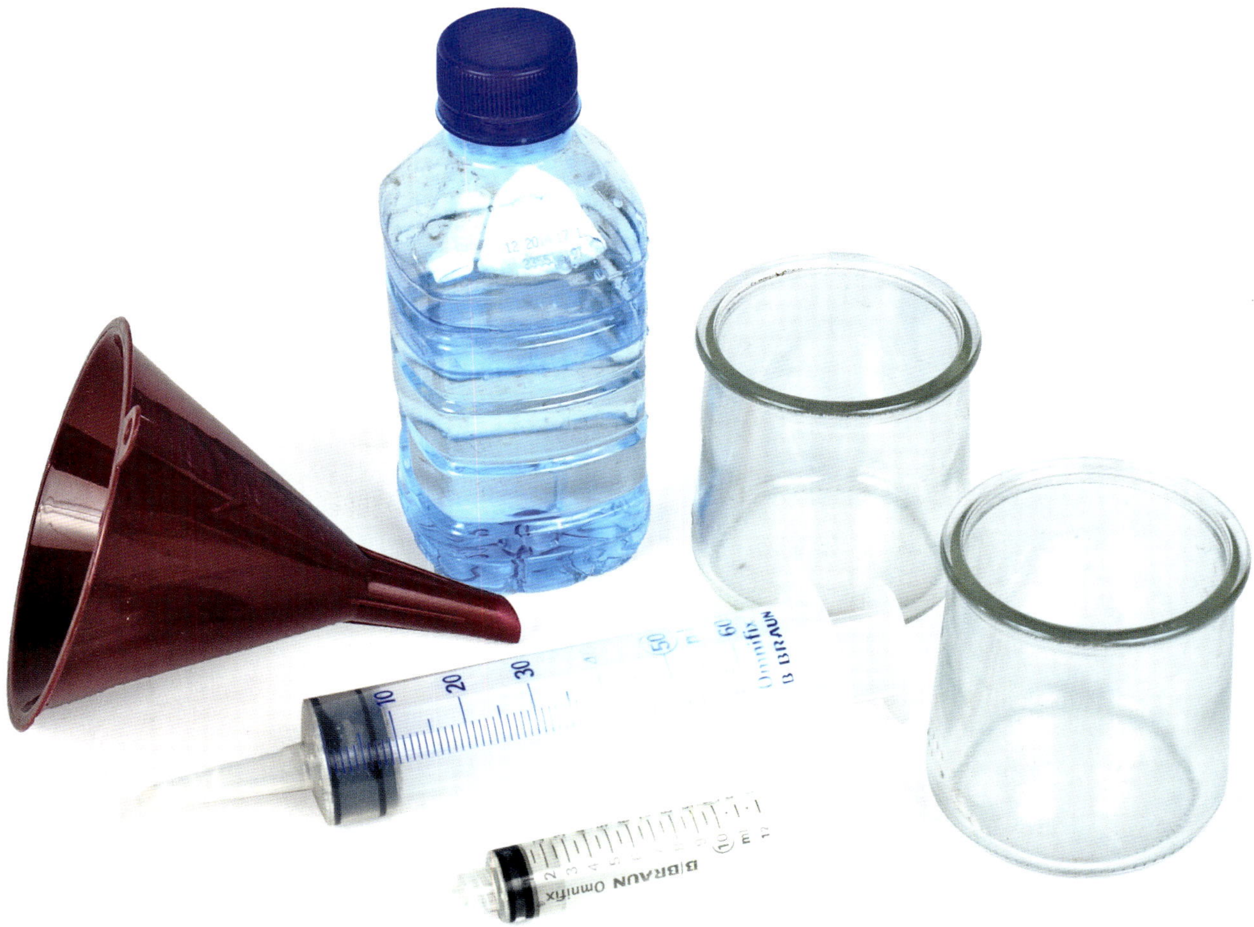

Wo bekommt man Spritzen?

Fragen Sie eine Krankenschwester oder einen Tierarzt, um Spritzen zu bekommen. Letzterer kann Ihnen sehr große, für Pferde bestimmte Spritzen besorgen.

„Ich mag die Spritzen mit Wasser, weil es Spaß macht!“
Florian, 4 Jahre

WASSER MIT EINEM SCHWAMM UMFÜLLEN

Mit dieser Aktivität lernt man einen Schwamm auszuwringen.

Dem Kind die Aktivität erklären

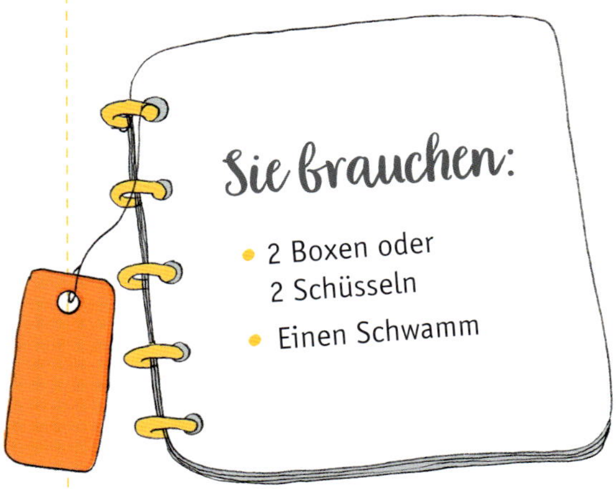

- Befüllen Sie eine der beiden Boxen mit Wasser (ungefähr 2 cm), je nach Größe und Saugfähigkeit Ihres Schwammes.
- Zeigen Sie dem Kind die erste Box, in der sich das Wasser befindet.
- Legen Sie den Schwamm in die Box. Lassen Sie das Kind beobachten, wie sich der Schwamm vollsaugt.
- Sobald der Schwamm das Wasser vollständig aufgesogen hat, drehen Sie die Box auf den Kopf, um zu zeigen, dass sie kein Wasser mehr enthält: „Wo ist das Wasser?"
- Wringen Sie den Schwamm dann mit beiden Händen über der zweiten Box aus und lassen Sie das Kind feststellen, dass sich das Wasser nun in dieser Box befindet.
- Schlagen Sie dem Kind vor, die Aktivität selbst auszuführen.

Tipp: Große Naturschwämme finden Sie im Baumarkt, sie werden zum Abwaschen von Wänden verwendet. Sie brauchen nur einen halben dieser Schwämme.

DER TROPFENZÄHLER

Dieses Material hilft dabei, ganz präzise Bewegungen zu lernen.

Dem Kind die Aktivität erklären

Sie brauchen:

- Ein Tablett
- Ein Glasfläschchen
- Lebensmittelfarbe
- Eine Tropfpipette zum Aufschrauben
- Einen leeren Farbkasten
- Einen Schwamm
- Etwas Küchenpapier

- Füllen Sie Wasser und Lebensmittelfarbe in das Glasfläschchen.
- Legen Sie das Material auf das Tablett.
- Zeigen Sie dem Kind, wie man die Pipette zusammendrücken muss, damit die Flüssigkeit aus dem Glasfläschchen hochgesogen wird, und füllen Sie dann jeweils einen Tropfen in die Vertiefungen des Farbkastens. Dazu müssen Sie die Pipette vorsichtig zusammendrücken.
- Wenn Wasser danebenläuft, zeigen Sie dem Kind, wie man den Schwamm oder die Küchenrolle benutzt.
- Am Ende der Aktivität leeren und reinigen Sie den Farbkasten, damit das Tablett erneut benutzt werden kann.

Die Lebensmittelfarbe ersetzen

Wenn Sie keine Lebensmittelfarbe haben, **können Sie beispielsweise ein wenig Granatapfelsirup verwenden,** die Farbe hält sich allerdings weniger lange. Anstelle des Farbkastens können Sie eine Seifenschale umdrehen und die Saugnäpfe benutzen.

DIE SINNE ENTDECKEN

Die Entwicklung der fünf Sinne hat in der Montessori-Pädagogik eine große Bedeutung. Vor allem wird durch das *Fühlen, Sehen, Schmecken, Riechen und Hören* gelernt. Um diese Sinne anzuregen, biete ich Ihnen verschiedene Aktivitäten an.

„Die Sinne sind die für die Intelligenz notwendigen Organe zum Erfassen der Außenwelt, so wie die Hand das für den Körper notwendige Organ zum Erfassen der materiellen Dinge ist."

Maria Montessori

KISTE MIT STOFFSÄCKCHEN

Sie hilft beim Entwickeln des Tastsinns und des Sehvermögens.

Sie brauchen:

- Ein Tablett oder eine kleine Plastikkiste
- Ein Stück Karton, 13 x 25 cm
- Jeweils 2 Vierecke aus unterschiedlichen Stoffen
- Füllwatte
- Eine Schere
- Nadel und Faden oder eine Nähmaschine

Das Material vorbereiten

- Der 13 x 25 cm große Karton dient als Schablone. Schneiden Sie alle Stoffstücke auf diese Größe zu. Sie benötigen 2 Stücke aus jedem Stoff.
- Falten Sie jedes Stoffstück rechts auf rechts in der Mitte zusammen, d. h. die späteren Außenseiten liegen aufeinander, und nähen sie es an 2 Seiten zusammen.
- Wenden Sie den Beutel auf die rechte Seite, füllen Sie ihn mit einer kleinen Menge Füllwatte und nähen Sie ihn mit der Nähmaschine oder mit Nadel und Faden zu.
- Legen Sie alle Beutel auf das Tablett oder in die kleine Kiste.

Die Aktivität organisieren

- Nehmen Sie sich Zeit, um die verschiedenen Texturen der Stoffe gemeinsam mit dem Kind zu berühren: „Wie fühlt sich das an? Weich, rau, kratzt oder pikst es …?"
- Finden Sie Paare.
- **Anschließend können Sie dem Kind die Augen verbinden, damit es sich ganz aufs Fühlen konzentrieren kann.**

„Ich habe eine Stoffkiste gebastelt: 10 Quadrate (15 x 15 cm) aus verschiedenen Textilien (fester Outdoorstoff, Wachstuch, Tüll, Watte, Fleece). Ich habe eine Eisbox aufgehoben. Sie ist schwarz, aber ich habe ein schönes hellblaues Etikett darauf geklebt, auf dem „Die Stoffe“ steht.“

Lucie, Tagesmutter

Tipps:

Verwenden Sie alle Arten von Stoffresten: Jeans, Sackleinen, Wolle, Baumwolle, Samt, Fleece, Wachstuch usw. aus alten Kleidungsstücken, Stoffgeschäften oder, wie in meinem Fall, von einer netten Schneiderin. Als ich ihr von meinem Vorhaben erzählt habe, hat sie mir kleine Stoffstücke geschenkt, die sie loswerden wollte. Was die Watte angeht: Man findet sie in Tüten in Stoffgeschäften oder verwendet die Füllung alter Kissen oder alter Kuscheltiere vom Flohmarkt. **Um möglichst viel Abwechslung in die Stoffe zu bringen,** schlagen Sie einen Tauschhandel vor, wenn Sie mehrere Lehrer, Eltern, Kindergärtnerinnen sind, um Ihre Stoffkiste(n) zu bestücken.

GERÄUSCHDOSEN

Sie helfen beim Trainieren des Hörvermögens.

Die Aktivität vorbereiten

Sie brauchen:

- 8 identische, undurchsichtige Döschen mit Deckel
- 8 bunte Aufkleber (4 in einer Farbe, 4 in einer anderen)
- Sand, Perlen, Muschelschalen, Körner oder dergleichen
- Klebeband

- Sammeln Sie 8 Filmdöschen oder kleine Trinkjoghurtflaschen mit Schraubverschluss.
- Kleben Sie 4 Aufkleber derselben Farbe auf die ersten 4 Deckel; für die 4 anderen Deckel verwenden Sie eine andere Farbe.
- Füllen Sie die Schachteln jeweils farblich paarweise mit Perlen, Sand, Muscheln, Körnern oder auch mit Glöckchen. **Sie können auch verschiedene Sandtexturen verwenden.**
- Kleben Sie die Deckel mit Klebeband zu, um zu verhindern, dass kleinere Kinder die Döschen öffnen.
- Zeigen Sie dem Kind, dass man die Döschen schütteln und dabei zuerst mit einem Ohr, dann mit dem anderen lauschen kann.
- Machen Sie das Kind darauf aufmerksam, dass es 2 Farben auf den Deckeln gibt. Es darf die Döschen nicht öffnen, nur schütteln und hören – dies vielleicht sogar mit geschlossenen Augen, wenn es möchte.
- Mischen Sie die Schachteln.
- Lassen Sie dem Kind nun Zeit, die Paare wieder zuzuordnen. Es ist nicht schlimm, wenn ihm das nicht gelingt! Es muss kein Ergebnis geben, das Kind kann das Spiel ein anderes Mal fortsetzen.

Tipp: Je nach Alter des Kindes können Sie die Anzahl der Döschenpaare erhöhen oder verringern.

GERUCHSDOSEN

Diese Aktivität dient der Entwicklung des Geruchssinns. Sie lässt Düfte entdecken und vertraute Gerüche wiedererkennen, die uns an Orte oder Personen erinnern.

Die Aktivität vorbereiten

Sie brauchen:

- 8 identische, undurchsichtige Döschen aus Plastik (z. B. Joghurtbecher) oder aus Glas (z. B. Mini-Marmeladengläser)
- Acrylfarbe in 2 Farben
- Ein Pinsel
- Kleine Organzasäckchen
- Kakaopulver, Kaffee, Zimt, Lavendel, Thymianzweige, Pfefferminzblätter, Kokosraspel, Vanilleschoten ...
- Eine Rolle Bindfaden
- Evtl. eine Augenbinde

- Bemalen Sie die Innenseite der Döschen mit Acrylfarbe in 2 verschiedenen Farben, um Paare zu bilden.
- Geben Sie Kakaopulver in zwei Organzasäckchen. Binden Sie sie gut mit einer Schnur zu und legen Sie es in jeweils eine Dose. Wiederholen Sie den Vorgang mit den Pfefferminzblättern, den Thymianzweigen und dem Zimt.
- Das Kind kann dann ein Döschen öffnen und daran riechen, aber ohne den Inhalt zu sehen oder den Inhalt auszuleeren. Sie können auch statt der Organzasäckchen mit einer Augenbinde arbeiten.
- Öffnen Sie die Döschen vorsichtig und riechen Sie daran.
- Halten Sie sie dem Kind hin, ohne den Inhalt zu nennen.
- Vielleicht erkennt das Kind die Gerüche wieder. Wenn es sie nicht kennt, können Sie das Kind raten lassen: „Das ist eine Pflanze, die man manchmal sieht ...", „Du isst sie oder trinkst sie am Morgen ..."
- Vielleicht findet das Kind die Paare.
- Das Kind kann auch von zu Hause ein kleines Geruchsdöschen mitbringen, um die anderen daran riechen zu lassen.

Tipp:

Ich vermeide die Verwendung von Duftölen, denn sie verändern ihren Geruch über die Zeit etwas.

Achten Sie darauf, die Inhalte der Döschen regelmäßig zu wechseln, da die Gerüche schnell schwächer werden.

„Das erinnert mich an den Kuchen von Mama, wenn er aus dem Ofen kommt!“ (Kokosraspel)
Anne, Erzieherin in der Vorschule

„Das ist Kakao! Den tue ich morgens in meine Milch.“
Louise, 3 Jahre

„Das riecht nach Papa!“ (Kaffeebohnen)
Ethan, 3 Jahre

DAS SCHMECKSPIEL

Diese Aktivität dient zur Entwicklung der Geschmacksempfindungen.

Die Aktivität vorbereiten

Sie brauchen:

- Ein Tablett mit einer Papierserviette
- Kleine Gläschen
- Verschiedene Nahrungsmittel: frisches Obst oder Trockenobst, Schokolade, Gemüse, Getreideflocken ohne Zusatz, Käse …
- Ein Holzspieß pro Kind, um die Nahrungsmittel aufzuspießen
- Eine Augenbinde für die Kinder, die mit verschlossenen Augen probieren möchten

- Bedecken Sie das Tablett mit einer Papierserviette.
- Verteilen Sie die Nahrungsmittel auf die Gläschen. Legen Sie die Gläschen und Spieße auf dem Tablett bereit.
- Die Kinder setzen sich für das Probierspiel an den Tisch. Wer möchte, kann eine Augenbinde benutzen.
- Verteilen Sie Einweg-Holzspieße oder Löffel an die Kinder, die sie für die Zeit des Spiels behalten.
- Beginnen Sie das Spiel mit einem Nahrungsmittel Ihrer Wahl. Für kleinere Kinder sind 4 verschiedene ausreichend. **Je nach Alter und Interessen der Kinder können Sie die Anzahl erhöhen.**

Variante

Bei meinen Workshops in Schulen oder im Vorschulbereich biete ich Tabletts mit Bananen- oder Mandarinenstücken an, dunkle Schokolade mit Meersalz und Pinienkerne. Es ist interessant, die Kinder dazu zu bringen, verschiedene Geschmacksrichtungen zu unterscheiden: süß, salzig, sauer, bitter – aber auch weich, knusprig, zart, angenehm ...

Warum nicht ungewöhnliche und originelle Lebensmittel ausprobieren? Kinder und Erwachsene lassen sich für dieses Spiel leicht begeistern.

GLATTE UND RAUE STREIFEN

Diese Aktivität steigert den Tastsinn des Kindes, die Kontrolle über die Muskeln in den Handgelenken und ihre Flexibilität. Sie trägt auch zur Entspannung bei, wenn man sich die Zeit nimmt, die Streifen langsam zu berühren.

Die Aktivität vorbereiten

Sie brauchen:

- Einen festen Karton oder ein Brett, 15 x 30 cm
- Schleifpapiere in verschiedener Körnung
- Starken Kleber
- Eine Schere

- Schneiden Sie 5, ungefähr 3 cm breite und 30 cm lange Streifen unterschiedlichen Schleifpapiers zu.
- Kleben Sie die Schleifpapierstreifen auf den Karton und lassen Sie dazwischen jeweils 3 cm Abstand.
- Helfen Sie dem Kind, von links nach rechts langsam mit Zeige- und Mittelfinger über den ersten Streifen zu fahren.
- Wiederholen Sie den Vorgang nach und nach für jeden Streifen und beschreiben Sie: „Das ist glatt und hier ist es rau."

Tipp:

Ich empfehle Ihnen, größere Bretter herzustellen, damit das Kind mit der ganzen Hand tasten kann. Sie können dem Kind vorschlagen, die Augen zu schließen, so kann es sich ganz aufs Fühlen konzentrieren.

RAUE BRETTCHEN

Dies ist ein einfach zu realisierendes Spiel, das hilft, den Tastsinn zu entwickeln. Das Kind kann spüren, was weich ist, und dann, was nach und nach rauer wird.

Die Aktivität vorbereiten

- Schneiden Sie die Schleifpapierstücke in der Mitte durch, um zehn Stücke à 7 x 4 cm zu erhalten.
- Kleben Sie diese Stücke auf die Rechtecke aus Karton bzw. Holz. Nun haben Sie fünf raue Brettchen-Paare.
- Legen Sie die Brettchen vor das Kind.
- Greifen Sie ein Brettchen heraus und stapeln Sie die anderen aufeinander.
- Berühren Sie das einzelne Brettchen, indem Sie mit den Fingern leicht darüber streichen, und suchen Sie das dazu passende, andere aus dem Stapel heraus.
- Wenn Sie ein Paar gefunden haben, legen Sie es zur Seite. Bilden Sie einen neuen Stapel und machen Sie weiter.
- Fordern Sie das Kind auf, weitere Paare (mit offenen oder geschlossenen Augen) zu finden.
- Am Ende des Spiels räumt das Kind die Brettchen in die Kiste.

Tipp:

Sie können sich Karton aus Altpapiercontainern besorgen, die an den Abholtagen vor Geschäften stehen (in jedem Stadtgebiet unterschiedlich). Keine Angst: Sie sind gefaltet und sauber!

DIE „GEHEIMNISVOLLE“ FÜHLKISTE

Diese Kiste lässt die Kinder beschreiben, wie sich etwas anfühlt, wenn sie es berühren: „Das ist weich.“, „Das kratzt.“, „Das ist rau.“, „Das ist hart.“, „Das ist flüssig.“, „Das ist warm.“ und „Das ist kalt.“

Dem Kind die Aktivität beschreiben

Sie brauchen:

- Eine Kiste
- Kleine Gefäße mit Deckel
- Unterschiedliche Inhalte: Sand, Steinchen, Salzteig, warmes Wasser, nichts (um die Leere zu fühlen), Hülsenfrüchte …
- Eine Augenbinde

- Füllen Sie jedes Gefäß mit einem anderen Inhalt; eins bleibt leer.
- Schlagen Sie dem Kind vor, sich die Augen zu verbinden, um ein Tastspiel zu spielen.
- Nehmen Sie seine Hand und helfen Sie ihm, die unterschiedlichen Texturen in den Töpfchen zu berühren.
- Das Kind kann beschreiben, was es fühlt: „Das ist warm, kalt, weich, hart…“ „Das kratzt.“
- Wenn es fertig ist, verschließt das Kind die Töpfchen und räumt sie in die Kiste.

„Aua! ... Autsch! Das ist pikfest!“
(Beim Berühren eines spitzen Steins.
Er wollte sagen: „Das pikst und ist hart!“)
Leo, 4 Jahre

DER GEHEIMNISVOLLE BEUTEL

Dieses Spiel sensibilisiert den Tastsinn: Das Kind überlegt, was sich in dem Beutel befindet.

Das Kind zum Spielen auffordern

Sie brauchen:

- Eine Kiste
- Ein Stoffbeutel zum Zuziehen
- Eine Auswahl ganz unterschiedlicher Gegenstände

- Es ist nicht nötig, das Material vorzustellen.
- Nehmen Sie den Beutel und greifen Sie hinein, ohne etwas herauszunehmen, um einen ersten Gegenstand zu erfühlen. Beschreiben Sie ihn („Er pikst.“, „Er ist weich.“, „Er ist rau.“ ...). Benennen Sie den Gegenstand, bevor Sie ihn herausnehmen, um nachzuschauen.
- Fordern Sie das Kind zum Spielen auf.
- Sie sollten den Inhalt des Beutels häufig verändern. Man kann geheimnisvolle Beutel zu unterschiedlichen Themen zusammenstellen: Tiere, Jahreszeiten etc. Und Sie können mit Paaren arbeiten. Das Kind wählt einen Gegenstand aus, den es im Säckchen wiederfinden muss.

Tipp:

Anstelle eines Beutels kann man ein einfarbiges Kinder-T-Shirt (Größe ca. 18-24 Monate) verwenden. Dazu nähen Sie einfach den Kragen und die Ärmel zu und bringen dann einen Reißverschluss oder ein Klettband an die untere Öffnung an, um die Gegenstände hineinlegen zu können. Die Kinder können ihre Hände dann in die Öffnung stecken, um die Gegenstände zu erfühlen.

„Ein hübsches T-Shirt, um einen geheimnisvollen Beutel zu nähen, das hat mir besonders gefallen! Einen Gegenstand, den die Kinder gut kennen, leicht zu verändern – eine wirklich schlaue Idee!"

Anne-Marie, Tagesmutter

PERLENRÖHRCHEN

Hier kommt ein Spiel, das dabei hilft, Farben zu unterscheiden.

Die Aktivität vorbereiten

Sie brauchen:

- 5 Röhrchen aus Glas oder Plastik, z. B. Reagenzgläser
- Einfarbige Perlen in unterschiedlichen Farben
- Weißes Klebeband
- Blaues Klebeband

- Füllen Sie das erste Röhrchen mit Perlen Ihrer Wahl, z. B. 2 goldene Perlen, 1 blaue, 1 weiße, 3 rote, 2 hellgrüne, 1 dunkelgrüne, 1 gelbe.
- Kleben Sie weißes Klebeband um das Röhrchen.
- Bereiten Sie 4 weitere Röhrchen vor: eines, das die Perlen in der gleichen Reihenfolge enthält wie das erste Röhrchen, und 3 andere. Diese 4 Röhrchen werden oben mit blauem Klebeband markiert.
- Zeigen Sie dem Kind das Röhrchen mit dem weißen Klebeband. Helfen Sie ihm, die Perlen laut zu benennen: „2 goldene Perlen, 1 blaue, 1 weiße …“
- Zeigen Sie ihm nun die anderen Röhrchen, es soll das Röhrchen mit dem gleichen Inhalt finden.

Tipp: Je nach Alter des Kindes können Sie die Anzahl der Röhrchen erhöhen.

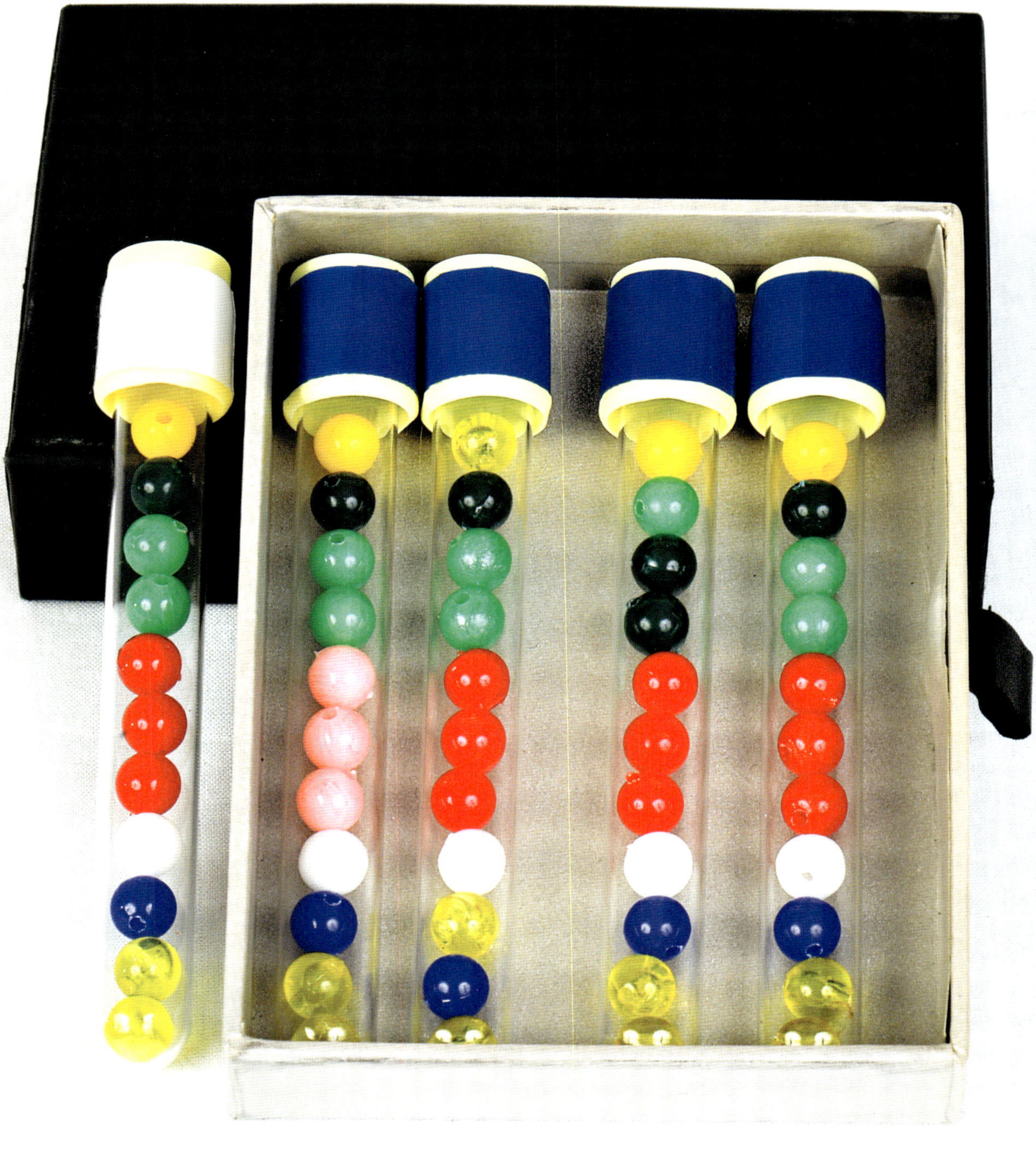

FANTASIE-SCHMINKEN

Diese Aktivität fördert die Fantasie, die Genauigkeit und den gegenseitigen Respekt.

Die Aktivität organisieren

Sie brauchen:

- Einen kleinen Pinsel oder ein Wattestäbchen
- Ein kleines Glas Wasser
- Wattepads

- Fordern Sie das Kind auf, ein Fantasiebild mit einem in Wasser getauchten Pinsel auf das Gesicht eines anderen Kindes zu zeichnen.
- Die Kinder entscheiden sich oft für Tiere, Blumen ...
- Wenn es fertig ist, wischt das Kind seine Fantasiebilder mit einem Wattepad wieder ab.

Tipp: Man kann Wasserbilder auch auf andere „Oberflächen" malen, z. B. auf eine Schiefertafel, auf ein kleines Holzbrett, oder draußen auf Steine, die Terrassenfliesen etc.

SALZTEIG ZUBEREITEN

Salzteig kann man anfassen, kneten; man kann etwas daraus formen, Abdrücke hineinmachen. Warum probieren Sie es nicht einmal aus? Salzteig ist vollkommen ungefährlich, aber sehr salzig!

Das Material vorbereiten

Sie brauchen:

- 1 Glas Tafelsalz
- 2 Gläser Mehl
- Ein wenig lauwarmes Wasser
- Einen großen Löffel Öl
- Eine große Schüssel
- Frischhaltefolie

- Geben Sie zur Vorbereitung alle Zutaten in eine große Schüssel und vermischen Sie alles mit den Händen.
- Geben Sie das lauwarme Wasser und das Öl hinzu und rühren Sie weiter, bis eine homogene Masse entsteht.
- Wickeln Sie den Teig sofort in Frischhaltefolie ein und lassen Sie ihn eine Stunde ruhen.
- Wenn der Teig eine Stunde geruht hat, fordern Sie das Kind auf, sich ein Stück zu nehmen und daraus etwas zu formen. Wenn es um Hilfe bittet, zeigen Sie ihm, wie man eine Kugel, eine Wurst etc. formt …
- Lassen Sie die Kunstwerke 12 Stunden trocknen.
- Heizen Sie den Backofen auf 100 °C (Stufe 1). Backen Sie die Gegenstände etwa 2 Stunden.

Tipp: Nach dem Backen kann man die Gegenstände mit einem Pinsel farbig anmalen. Der Salzteig kann aber auch vor dem Backen mit Gouache (einer Mischung aus Aquarell- und Acrylfarbe), Acrylfarbe oder natürlichen Farbstoffen eingefärbt werden.

DER BARFUSS-SINNESPFAD

Diese Aktivität trägt zur Entwicklung der Sensibilität in den Fußsohlen bei.

Die Aktivität organisieren

Sie brauchen:

- 4 Holzkisten oder Plastikwannen
- 4 unterschiedliche Inhalte: Sand, Baumwolle (z. B. den Inhalt eines Kissens), Kastanien, Wasser, Laub, Alufolie …
- Ein Handtuch

- Füllen Sie jede Kiste mit einem anderen Inhalt.
- Stellen Sie die Kisten zu einem kleinen Parcours hintereinander auf. Legen Sie das Handtuch an den Schluss, damit die Kinder sich die Füße säubern können.
- Dann gehen die Kinder barfuß und in ihrem Tempo von einer Kiste zur nächsten und beschreiben dabei, was sie fühlen: „Das ist kalt, warm, weich, rau, unangenehm, angenehm …"
- Je nach Anzahl und dem Alter der Kinder können Sie die Anzahl der Kisten erhöhen.
- Wie bei jeder Aktivität empfehle ich Ihnen, das Material vorher zu testen, damit Sie wissen, was die Kinder entdecken und fühlen werden.

Tipp: Älteren Kindern können Sie vorschlagen, den Parcours mit geschlossenen Augen abzugehen. Dazu bilden sie Teams. Das stärkt das gegenseitige Vertrauen.

SAMEDI
CHATEAU LAGRANGE
GRAND CRU CLASSE
ST JULIEN-MEDOC
CRD 2008
LES HAUTS DE PEZ
SAINT-ESTEPHE
6 Btles
CRD
2011

HERR APFELSTREUSEL

Dieses lustige, schöne und leckere Rezept lässt die Kinder verschiedene Apfelsorten und das Gewürz Zimt, das sie schon im Riechspiel erschnuppern konnten, entdecken.

Das Rezept

Für 6 Personen

Sie brauchen:

- 6 Äpfel Ihrer Wahl (süß-säuerlich, grün, rot, gelb …), die als Behälter und zur Deko dienen
- 2 Teelöffel Zimt
- 125 g weiche Butter + ein kleines zusätzliches Stück Butter
- 150 g Mehl
- 125 g Zucker
- 125 g gemahlene Mandeln

Und außerdem:

Für das Karamell

- Wasser
- 100 g Zucker

Für die Deko

- Süßigkeiten
- Getrocknetes oder frisches Obst
- Schaschlikstäbchen und Zahnstocher aus Holz

- Heizen Sie den Backofen auf 210 °C vor.
- Höhlen Sie die Äpfel mit einem kleinen Löffel aus, indem Sie sie vorsichtig damit ausschaben. Das Fruchtfleisch wird mit dem kleinen Stück Butter und dem Zimt in einer Pfanne zu Mus gekocht und dann zur Seite gestellt.
- Vermischen Sie das Wasser und den Zucker in einer zweiten Pfanne, um Karamell zu machen. Geben Sie das Apfelmus dazu, damit es vom Karamell durchzogen wird.
- Vermischen Sie die weiche Butter, das Mehl, den Zucker und die gemahlenen Mandeln in einer großen Schüssel. Formen Sie dann mit einem kleinen Löffel flache Teigkugeln.
- Die Teigkugeln 15 Minuten backen.

Die Männchen zusammenbauen

Jeder baut seinen eigenen „Herr Apfelstreusel“: Füllen Sie das Apfelmus in das Innere des ausgehöhlten Apfels und geben Sie darauf die Streusel, sodass sie wie ein kleiner Hut aussehen. Lassen Sie die Kinder den Apfel verzieren: mit einem Zahnstocher einen Mund in die Schale ritzen, mit Süßigkeiten oder Obststücken Augen, Nase und Ohren nachbilden, und mit Gummischnüren die Haare darstellen.

„Ich habe mir dieses Rezept ausgedacht, damit die Kinder Geschmacksrichtungen entdecken können und dabei Spaß haben.“

Amandine Sicoit,
Kinderkuchen-Rezept-Entwicklerin

DAS PUPPENHAUS

Dieses Suchspiel lässt die Kinder Unterschiede zwischen den Gegenständen auf dem Foto und denen im Puppenhaus finden, genauso wie bei Fehlersuchspielen.

Das Material vorbereiten

Sie brauchen:

- Einen Schuhkarton
- Material zum Verzieren (Stoff, Spitze, Klebeband, Teppich- oder Linoleumreste)
- Kleine Gegenstände aller Art (Püppchen, Tiere, Knöpfe, Perlen, Holzstücke usw.)
- Eine Heißklebepistole
- Eine Schere
- Einen Fotoapparat
- Einen Drucker
- Ein Stück Karton

- Wählen Sie eine Schachtelgröße aus und bereiten Sie alle ausgewählten Gegenstände auf dem Tisch aus, die Sie zum Einrichten für ein Zimmer, eine Küche, einen Garten etc. brauchen.
- Fangen Sie damit an, das Innere der Schachtel mit Stoffen oder anderen Materialen zu verkleiden.
- Ergänzen Sie kleine Gegenstände, um Leben in Ihr Puppenhaus zu bringen.
- Wenn es eingerichtet ist, machen Sie ein Foto und ergänzen dann weitere Gegenstände, um Ihr Haus fertigzustellen.
- Drucken Sie das Foto aus und kleben Sie es auf ein Stück Karton.

„Ich liebe Fehlersuchspiele in Heften, das ist wie beim Puppenhaus, aber das Haus ist noch schöner, weil man die Sachen anfassen und ‚in echt' vergleichen kann."

Paul, 8 Jahre

Das Ziel des Spiels ist es, dass die Kinder das Foto und das Puppenhaus genau betrachten und dann die Gegenstände finden, die im Haus hinzugefügt wurden.

SORTIEREN

Schon ganz früh haben Kinder von sich aus Spaß am Sortieren. Wir können ihnen verschiedene Aktivitäten anbieten, *die sie dabei unterstützen, geschickter zu werden und Gegenstände auf den ersten Blick besser unterscheiden zu können.* Die Spiele helfen dem Kind beim Sortieren nach Farben, Formen, Texturen, Größen ...

„Wir sollten unsere Kinder nicht für
die Welt von heute aufziehen. Diese Welt
wird nicht mehr existieren, wenn sie groß sind.
Vor allem müssen wir dem Kind helfen,
seine Fähigkeiten zu entwickeln,
etwas zu schaffen und sich anzupassen."

Maria Montessori

DER ROSA TURM

Das Kind trainiert das logische Denken und die Urteilsfähigkeit. Es lernt mathematische Grundlagen und schult das genaue Betrachten ebenso wie die Muskulatur der Handgelenke und die Konzentrationsfähigkeit.

Sie brauchen:

- 10 rosa Würfel aus Hartholz, von 1 bis 10 cm Kantenlänge. Die Würfel müssen aus Vollholz bestehen, damit ihr Gewicht sich mit der Größe wahrnehmbar verändert.

Drei Übungen

Übung 1

- Bitten Sie das Kind, die 10 Würfel des Turms zu holen und ungeordnet auf den Teppich zu legen.
- Nehmen Sie jeden Würfel in die Hand und vergleichen Sie ihn mit den anderen, indem Sie ihn mit diesen Worten beschreiben: „der Große", „der Kleine", „der Größte", „der Kleinste". Stapeln Sie die Würfel zu einem gleichmäßigen Turm übereinander.
- Schlagen Sie dem Kind vor, das Gleiche zu tun.

Übung 2

- Bitten Sie das Kind, den größten Würfel und den kleinsten Würfel herauszusuchen. Zeigen Sie ihm den großen und sagen Sie: „Das ist der Große.", dann den kleinen: „Das ist der Kleine." Fordern Sie das Kind anschließend auf: „Zeig mir den Großen.", „Zeig mir den Kleinen."

Übung 3

- Nehmen Sie einen Würfel des rosa Turms und bitten Sie das Kind, Ihnen einen kleineren oder einen größeren Würfel zu geben.

Die richtigen Würfel

Im Handel finden Sie andere Türme, die möglicherweise auch passen können. **Wählen Sie sie aber sorgfältig aus, die Eigenschaften (Farbe, Form etc.) sollten nicht zu sehr abweichen.** Das kann beim Lernen ablenken.

Sie können diese Übungen mit Stapeltürmen aus zylinderförmigen Elementen machen oder mit Blöcken aus massivem, hartem Holz (z. B. Buche), mit einer Länge von 20 cm und variierenden Höhen und Breiten, von 1 x 1 bis 10 x 10 cm: Das ist die braune Treppe von Maria Montessori.

„Ich hab den rosa Turm genommen, ich baue gern vom Größten zum Kleinsten. Zuerst nimmt man den Größten. Dann einen etwas Kleineren … Am Ende kommt der Kleinste."

Karl, 5 Jahre

DIE BLAUEN STÄBE

Diese Aktivität trainiert das Beurteilen und Vergleichen von unterschiedlichen Längen.

Das Material vorbereiten

Sie brauchen:

- 5 Holzstäbe mit einem quadratischen Querschnitt von 2,5 x 2,5 cm und 1 m Länge
- 1 Holzstab mit einem quadratischen Querschnitt von 2,5 x 2,5 cm und 50 cm Länge
- Eine Säge
- Einen Topf blauer Farbe
- Einen Pinsel

- Sägen Sie einen der 1 m langen Stäbe in 2 Stücke à 10 cm und 90 cm; einen weiteren Stab in 2 Stücke à 20 cm und 80 cm; einen in 2 Stücke à 30 cm und 70 cm; und einen in 2 Stücke à 40 cm und 60 cm.
- Nun haben Sie 10 Holzstäbe, deren Länge zwischen 10 cm und 1 m variiert, der Längenunterschied beträgt jeweils 10 cm.
- Malen Sie die Stäbe blau an.
- Später können Sie die Stäbe alle 10 cm abwechselnd rot und blau anmalen: Der 10 cm lange Stab ist dann rot, und die Stäbe mit 30, 50, 70 und 90 cm Länge sind ebenfalls an beiden Enden rot. Darüber lassen sich die Zahlen von 1 bis 10 lernen.

Dem Kind die Aktivität erklären

- Fordern Sie das Kind auf, die Stäbe nacheinander zu holen und sie dabei an den Enden zu halten. Es soll sie ungeordnet auf den Teppich legen.
- Nehmen Sie zunächst den längsten Stab und legen Sie ihn nach links an den Rand des Teppichs.
- Fahren Sie mit den anderen Stäben fort, vom größten bis zum kleinsten. Überprüfen Sie die Länge, indem Sie jeden Stab mit den anderen vergleichen. So zeigen Sie dem Kind, was es tun kann, wenn es sich nicht sicher ist.
- Machen Sie weiter, bis alle Stäbe an der linken Seite aneinandergereiht sind, vom längsten bis zum kürzesten.
- Sie können die Stäbe zum Vermessen der Möbelstücke oder der Kinder verwenden: „Du bist so groß wie der längste Stab!“ Die Kinder können sich selbst oder Gegenstände ausmessen, indem sie 2 Stäbe der Länge nach übereinander halten: „Mein Bett ist so groß wie … Stäbe.“

RUSSISCHE PUPPEN

Dieses sehr schöne Spiel steckt voller Überraschungen. Es trainiert das genaue Unterscheiden – und zwar von der kleinsten bis zur größten Figur.

Dem Kind die Aktivität erklären

Sie brauchen:

- Ein Set russischer Puppen: 5, 8 oder 10 Figuren

- Nehmen Sie sich ausreichend Zeit, um die russischen Puppen vorzustellen; nur wenige Kinder kennen sie.
- Zeigen Sie die erste Puppe: Sie können ihre Geschichte (Woher kommt sie…?) erzählen.
- Schütteln Sie die Figur: Ein Geräusch ist zu hören! Die Augen der Kinder leuchten: „Was ist das?" Öffnen Sie die Puppe und erzählen Sie Ihre Geschichte mit der zweiten Puppe weiter.
- Erzählen Sie die Geschichte immer weiter, während Sie die Puppen öffnen, bis zur kleinsten. Die Kinder wissen nicht, wann es aufhört oder ob es ein Ende gibt. Stellen Sie die Figuren der Reihe nach auf, von der größten bis zur kleinsten.
- Dann setzen Sie die Puppen wieder zusammen, beginnend mit der kleinsten. Passen Sie auf, dass die kleinsten Kinder sie nicht verschlucken!

Variante mit anderen Gegenständen

Sie können alle Arten von Gegenständen verwenden, die man vom kleinsten bis zum größten sortieren kann. Beispielsweise eine Reihe von Kaffee- oder Mehldosen, die man auf dem Flohmarkt findet, oder ineinander stapelbare Schachteln.

„Jedes Mal, wenn ich eine russische Puppe öffne, singe ich ein Lied oder einen Abzählreim."

Beatrice,
Betreuerin im Vorschulbereich

DIE DECKELSPARDOSE

Diese Aktivität wird von den Kleinsten ab 2 Jahren geliebt. Sie trainiert die Fingerfertigkeit und das Unterscheiden von Farben genauso wie die Konzentrationsfähigkeit.

Das Material vorbereiten

Sie brauchen:

- 2 Kisten aus weichem Plastik mit Deckel
- Schraubverschlüsse in 2 Farben (z. B. von Milchflaschen, Trinkjoghurts, Säften o. ä.)
- Farbiges Klebeband

- Schneiden Sie Schlitze in der Größe der Schraubverschlüsse in die Deckel der Kisten.
- Verstärken Sie die Ränder der Schlitze mit Klebeband.
- Sie können auch eine Verpackung für Babymilchpulver (inkl. Deckel) verwenden, um die Kisten herzustellen.

Variante: Wenn das Kind dieses Spiel mag, schlagen Sie ihm das Stäbchen-Glas vor, bei dem Holzstäbchen in ein Glas geworfen werden sollen. Verwenden Sie dazu Zahnstocher und eine große Zuckerdose oder ein leeres Marmeladenglas, in dessen Deckel Sie Löcher gebohrt haben.

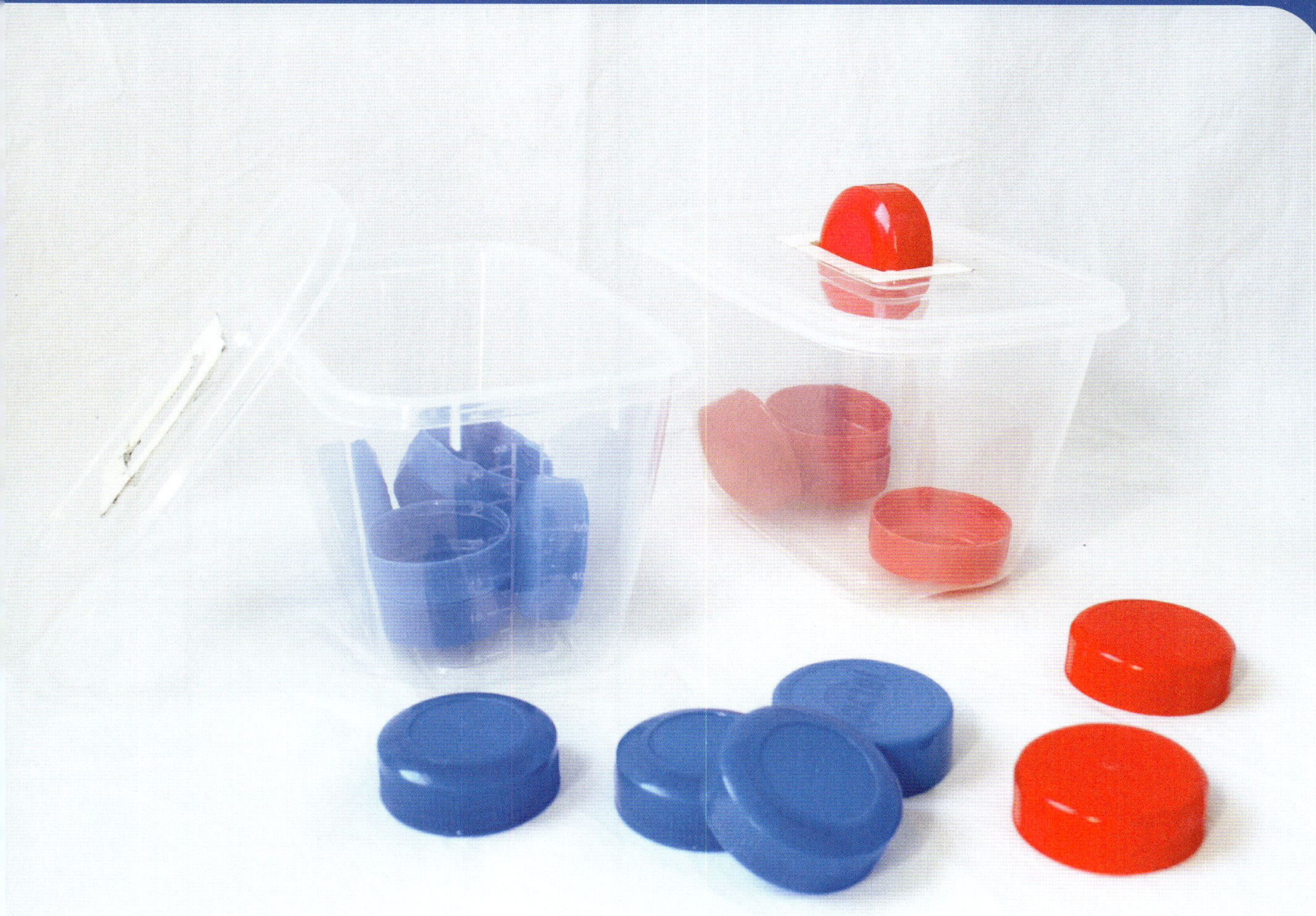

Dem Kind die Aktivität erklären

- Zeigen Sie dem Kind die erste Kiste, schütten Sie alle Deckel aus und demonstrieren Sie, wie man die Deckel durch den Schlitz einwirft. Fordern Sie das Kind auf, einen Deckel zu greifen und es Ihnen nachzumachen.
- Beim nächsten Mal, wenn das Kind dafür bereit ist, nehmen Sie die zweite Kiste mit den Deckeln der anderen Farbe hinzu.
- Wenn das Kind das Spiel gut beherrscht, schlagen Sie ihm die Variante der Kartenspardose (z. B. mit Visitenkarten, Treuekarten aus Geschäften) vor.

DAS SALZ

Mit diesem Material lernt man, grobes und feines Salz mithilfe eines Siebs zu trennen.

Die Aktivität organisieren

Sie brauchen:

- Ein Tablett
- Ein Säckchen feines Salz
- Ein Säckchen grobes Salz
- Eine Suppenkelle
- Ein Sieb
- Eine große Schüssel
- 2 kleinere Schüsseln
- Einen kleinen Handfeger mit Schaufel

- Vermischen Sie das feine und das grobe Salz in der großen Schüssel.
- Stellen Sie die große Schüssel, die beiden kleineren, das Sieb und die Suppenkelle auf dem Tablett bereit.
- Zeigen Sie dem Kind, wie Sie eine Kelle voll Salz in das Sieb schöpfen, welches Sie über eine der beiden kleinen Schüsseln halten. Das feine Salz rieselt in die Schüssel, das grobe bleibt im Sieb.
- Schütten Sie das grobe Salz in die zweite kleine Schüssel.
- Nach der Demonstration schlagen Sie dem Kind vor, weiterzumachen.
- Sobald die Übung beendet ist, vermischt das Kind das feine und das grobe Salz wieder für die nächste Verwendung in der großen Schüssel.
- Wenn Salz neben das Tablett gerieselt ist, zeigen Sie dem Kind, wie es das Salz mit Handfeger und Schaufel aufkehrt.

„Ich mag das Salzspiel gern. Ich habe einmal probiert, ob es wirklich Salz ist, danach habe ich das Sieb genommen, um weichen Sand wie im Sandkasten zu machen."

Bastian, 4 Jahre

DIE PERLEN

Mit diesem Spiel wird das Unterscheiden und Benennen der verschiedenen Farben geübt, indem man nach ihnen sortiert.

Dem Kind die Aktivität erklären

Sie brauchen:

- Ein Tablett
- Große farbige Holzperlen in gleicher Form
- 3 Schalen oder Körbchen

- Geben Sie die Perlen in eine Schale.
- Stellen Sie die Schalen auf das Tablett.
- Nehmen Sie 2 Schalen und zeigen Sie dem Kind die Perlen: „Diese hier ist rosa, diese hier ist blau …“ Sortieren Sie die Perlen nach Farben in die Schalen. „In jeder Schale ist es die gleiche Farbe.“ Verwenden Sie 3, 4 und dann 5 Farben.
- Zeigen Sie dem Kind, wie es die Perlen aufräumt.
- Nun, da es das Material kennt, kann das Kind es wann und so oft es möchte, benutzen.

Tipp: Anstelle der verschiedenen Farben kann man das Spiel auch mit verschiedenen Formen spielen.

DAS SOCKENSPIEL

Eine Aktivität, um auf lustige Art zu sortieren.

Die Aktivität vorbereiten

Sie brauchen:

- Zwei Körbe
- Eine Kiste
- Etwa 10 unterschiedliche Sockenpaare
- Wäscheklammern

- Legen Sie die Socken in den Korb und die Wäscheklammern in die Kiste.
- Schlagen Sie dem Kind vor, ein Spiel zu spielen, bei dem es gleiche Socken finden soll.
- Klammern Sie die gefundenen Paare jeweils mit einer Wäscheklammer zusammen.
- Wenn das Kind fertig ist, kann es das Material aufräumen.

Nach Socken stöbern

Anstatt Socken zu kaufen, können Sie auch Mütter von Babys fragen, die die ganz kleinen Socken nicht mehr brauchen.

Tipp: Größere Kinder können auch fantasievolle Ohrringe sortieren.

DIE „WÜHLKISTE“

Dieses Material trainiert die Fähigkeit, Dinge auf einen Blick zu unterscheiden, und gleiche oder ähnliche Gegenstände zu erkennen.

Dem Kind die Aktivität erklären

Sie brauchen:

- Ein Tablett
- Eine Tasche
- Unterschiedliche Gegenstände (Murmeln, Fundstücke von draußen, Autos, Deckel, Muscheln, Obst, Spielzeugtiere ...)
- Für jede Kategorie eine Schüssel oder Schale

- Verteilen Sie die Gegenstände auf dem Tablett und zeigen Sie diese dem Kind.
- Schlagen Sie ihm vor, Ihnen beim Sortieren zu helfen, indem Sie die Gegenstände unterschiedlichen Kategorien zuordnen: Deckel, Obst usw.
- Wenn die Gegenstände sortiert sind, räumt das Kind sie in die Tasche, damit der Nächste sie wieder benutzen kann.

Das Material wiederverwenden

Ich verwende oft die Plastiktüten aus Geschäften, in denen Kissen oder Vorhänge verpackt sind. In Kinderkleidergeschäften frage ich außerdem nach den Plastiktüten, die für Badeanzüge oder Unterwäsche verwendet werden: Meistens werfen die Händler sie weg. Sie sind aber zum Aufbewahren oder Sortieren von Material sehr nützlich.

DIE KNOPFKISTE

Damit können auch ganz kleine Kinder, ab 2 Jahren, (wenn sie die Knöpfe nicht in den Mund stecken), das Sortieren üben sowie auch die Fähigkeit, Dinge zu unterscheiden.

Die Aktivität vorbereiten

Sie brauchen:

- Ein Tablett
- 3 ganz unterschiedliche Arten von Knöpfen (von jeder Art mehrere)
- 3 Schüsselchen oder eine Kiste mit Fächern
- Ein Foto der sortierten Knöpfe, damit das Kind sich orientieren und selbstständig werden kann

- Legen Sie die Knöpfe auf ein Tablett.
- Schlagen Sie dem Kind vor, die Knöpfe zu sortieren: Es greift nach einem ersten seiner Wahl und legt ihn, wie auf dem Foto dargestellt, in ein Fach in der Kiste. Es kann zunächst „Gleiche“ suchen und dann alle „Familien“ mit gleichartigen Knöpfen.
- Wenn es fertig ist, räumt das Kind die Kiste mit den sortierten Knöpfen weg.

Tipp: Erhöhen Sie nach und nach die Anzahl der „Knopf-Familien“. Anstelle von Knöpfen können Sie auch unterschiedliche Kerne verwenden (Bohnen, Kürbiskerne usw.).

„SINKT ODER SCHWIMMT“

Bei diesem wissenschaftlichen Spiel, das die Kinder gern ausprobieren, lässt sich beobachten, was untergeht und was schwimmt, und welche Kriterien dafür gelten.

Die Aktivität vorbereiten

Sie brauchen:

- Eine Wanne mit Wasser
- Verschiedene Gegenstände aus der Umgebung der Kinder: einen Korken, einen Stein, ein Stück Holz, einen Löffel …

- Füllen Sie die Wanne zur Hälfte mit Wasser.
- Verteilen Sie die Gegenstände auf dem Tisch und bitten Sie das Kind, sich einen auszusuchen.
- Das Kind gibt den Gegenstand ins Wasser und beobachtet, was passiert: „Er schwimmt, geht langsam oder schnell unter …“ Hieraus kann man schließen, ob der Gegenstand leicht oder schwer ist.
- Das Kind probiert andere Gegenstände aus.
- Sie können das Experiment mehrere Male vorschlagen, das Kind hat sicher Lust, andere Gegenstände zu finden und auszuprobieren.

Hinweis: Ein Ozeandampfer ist eher schwer, trotzdem schwimmt er. Umgekehrt sinkt ein ganz kleiner Kiesel, obwohl er leicht ist. Die Auftriebskraft eines Gegenstandes ist nicht abhängig von seiner Masse, sondern von seiner Form und von seiner Oberfläche, mit der er das Wasser berührt. Beispiel: Eine Kugel Knete wird sinken, aber wenn man eine Art Boot aus derselben Knete formt, sinkt sie nicht.

Variante für den Sommer

Im Sommer können Sie ein aufblasbares Planschbecken verwenden, um draußen mit Gegenständen zu experimentieren, die Sie im Garten finden.

Achtung: Diese Übungen dürfen nur unter Aufsicht eines Erwachsenen stattfinden!

„LEBENDIG UND NICHT LEBENDIG"

Bei dieser Aktivität werden Bilder oder repräsentative Objekte 2 verschiedenen Kategorien zugeordnet: „lebendig" und „nicht lebendig".

Die Aktivität vorbereiten

Sie brauchen:

- 2 Schuhkartons
- 2 Etiketten
- Gegenstände, die die Kinder in ihrer Umgebung gefunden und gesammelt haben, oder aus Prospekten ausgeschnittene Bilder von Obst und Gemüse, Tieren, Häusern, Spielzeug …

- Kleben Sie die Etiketten auf die Seiten der Kartons, um sie gut auseinanderhalten zu können: ein Karton für alles „Lebendige", der andere für alles „Nicht Lebendige".
- Schlagen Sie einer kleinen Gruppe Kinder vor, ein Bild oder einen Gegenstand, die vor ihnen liegen, auszuwählen und zu beschreiben.
- Bringen Sie die Kinder dazu, sich Fragen zu stellen, um herauszufinden, ob das Ausgewählte lebendig ist oder nicht: „Was ist das?", „Wo findet man es?", „Bewegt es sich?", „Isst es?", „Wächst es?" …
- Wenn alle Fragen beantwortet sind, sortieren die Kinder das Bild oder den Gegenstand in den entsprechenden Karton.
- Die beiden Kartons können über einen längeren Zeitraum an einem bestimmten Platz im Zimmer oder in der Klasse stehen, damit die Kinder sie nach und nach mit neuen Entdeckungen befüllen können.

Ins Gespräch kommen

Bevor Sie diese Aktivität durchführen, können Sie einen Spaziergang mit den Kindern machen und sie bitten, ihre Umgebung zu beobachten: Da gibt es z. B. Steine, Bäume, Blumen, Vögel, Schnecken, Autos ...

Stellen Sie ihnen dann die Frage: „Sind die Steine lebendig oder nicht lebendig?“ Versuchen wir zu verstehen, woher wir wissen, ob ein Gegenstand lebendig ist oder nicht. Welche Kriterien legen wir zugrunde? Lebendig ist alles, was lebt, wächst, sich ernährt, sich fortpflanzt und stirbt, insbesondere die Tiere. Das Nicht-Lebendige, ein Stein beispielsweise, kennt diese Vorgänge nicht.

„KRATZIG – WEICH“

Dieses Spiel ermöglicht es, die Fähigkeit zum Tasten zu entwickeln, indem die Eigenschaften der Materialien und Gegenstände erkundet werden und beschrieben wird, was man beim Berühren der Gegenstände mit unterschiedlichen Körperteilen empfindet: mit den Fingern, den Wangen, den Armen usw.

Das Material vorbereiten

Sie brauchen:

- 2 Schuhkartons
- Gegenstände aus 2 Kategorien: weich (Stoffstück oder Wachstuch, ein kleines Kuscheltier, glatter Kiesel, Teppich, Wollknäuel, Kastanie …) und rau (ein Spülschwamm, Stahlwolle, Schleifpapier, Sackleinen, Baumrinde, Fußmatte, Kastanienschale …)
- Einen Korb
- 2 Etiketten

- Kleben Sie auf jeden Karton eines der Etiketten, die Sie einmal mit „weich“ und einmal mit „kratzig“ beschriftet haben.
- Legen Sie alle Gegenstände in den Korb. Nehmen Sie dann einen nach dem anderen heraus.

Variante: Sie können große Plakate zu der Frage anfertigen, was weich und kratzig ist. Die Kinder können weiche Wollfäden anbringen und Sand aufkleben, um eine „kratzige“ Oberfläche zu erhalten.

Die Aktivität erklären

- Die Kinder nehmen sich die Zeit, um die Gegenstände zu beobachten und zu berühren.
- Schlagen Sie den Kindern vor, die Gegenstände danach zu sortieren, was sie beim Berühren fühlen: Ist es eher angenehm und weich oder eher unangenehm und kratzig? Je nach Empfinden werden die Sachen in den einen oder anderen Karton sortiert.

KLAMMERN UND ZANGEN

Die Kinder lieben es, Ihnen beim Wäscheaufhängen zuzuschauen und möchten Ihnen sogar ganz von selbst dabei helfen. Meistens ist es für sie aber sehr schwierig, Wäscheklammern zu benutzen. Mit diesen Übungen *trainieren sie die Beweglichkeit der Finger* zum Öffnen und Schließen einer Klammer und entdecken weitere Werkzeuge.

„Das Kind, das sich konzentriert, ist unermesslich glücklich."
Maria Montessori

DIE NUSS-ZANGEN-KISTE

Diese Aktivität trainiert die Motorik der Finger und das Greifen.

Die Aktivität vorbereiten und erklären

Sie brauchen:

- Eine Kiste mit mehreren Fächern
- Walnüsse
- Eine Zange: klein, groß, aus Holz, aus Plastik ...

- Mit der Zange greifen und legen Sie dann in jedes der Fächer eine Nuss. Benutzen Sie hierbei einmal die rechte Hand und einmal die linke.
- Fordern Sie das Kind auf, es genauso zu machen. Ich erzähle den Kindern oft, dass ich „in jedes Haus" eine Nuss lege.
- Wenn das Kind die Aktivität beendet hat, räumt es die Kiste weg.
- Sobald das Kind gut mit der Zange umgehen kann, bieten Sie ihm zukünftig immer wieder eine andere an.

Varianten

Anstelle von Walnüssen können Sie Haselnüsse verwenden, Schneckenhäuser, Schraubverschlüsse von Plastikflaschen oder – **für etwas größere Kinder – kleinere Gegenstände und Figuren.**

DIE KASTANIENZANGE

Diese Übung trainiert die Geschicklichkeit der Finger.

Dem Kind die Aktivität erklären

Sie brauchen:

- Ein Tablett, 50 x 30 cm
- Einen leeren Eierkarton
- Maroni oder Kastanien
- Eine Zange, z. B. eine Grillzange

- Das Kind greift die Kastanien mit der Zange und legt je eine in jede Vertiefung des Eierkartons, also „eine in jedes Haus".
- Anschließend räumt es die Kastanien auf.

Variante

Wenn Sie handwerklich geschickt sind, können Sie den Eierkarton auf einer Sperrholzplatte befestigen oder auf einem Holztablett mit 2 Fächern: einem für die Zange und einem für die Kastanien.

„Ich baue gern Spiele für Kinder aus Holzresten, die auf der Baustelle anfallen, es wird nichts weggeworfen."
Fred, Tischler

DIE WÄSCHEKLAMMERN

Sie helfen beim Aufbau der Muskulatur in beiden Händen.

Die Aktivität vorbereiten

Sie brauchen:

- Eine Kiste
- Wäscheklammern aus Holz oder Plastik, klein oder groß …
- Bunte Aufkleber

- Bringen Sie Aufkleber in unterschiedlichen Farben auf den Holzwäscheklammern an.
- Zeigen Sie dem Kind, wie man eine Wäscheklammer greift und welche Handbewegung nötig ist, um sie zu öffnen.
- Klammern Sie die Wäscheklammer an den Rand der Kiste. Schlagen Sie dem Kind vor, die Wäscheklammern nach einer vorgegebenen Farbfolge oder von der kleinsten zur größten zu sortieren.
- Wenn das Kind fertig ist, räumt es die Wäscheklammern in die Kiste.

Tipp: Je nachdem, welche Wäscheklammern Ihnen in die Hände fallen, können Sie unendlich variieren.

DER WÄSCHESTÄNDER

Bei dieser Aktivität geht es darum, auf spielerische Weise Wäscheklammern zu benutzen und die Erwachsenen nachzuahmen.

Das Material vorbereiten

Sie brauchen:

- 3 m lange Holzleiste
- 12 Nägel (Drahtstifte)
- 2 Schrauben mit Muttern
- 6 Teppichnägel
- Holzleim
- 3 Stücke à 35 cm verzinkten Draht oder biegsame, vergoldete Rundstäbe bzw. eine Nylonschnur
- 2 kleine Wäschekörbe
- Wäscheklammern
- Kleine Kleidungsstücke aus Stoff

- Schneiden Sie die Holzleiste in mehrere Stücke: 2 x 15,5 cm, 4 x 30 cm, 2 x 17,5 cm, 2 x 20 cm und (zur Stabilisierung empfehlenswert) 1 x 28,5 cm und 1 x 14 cm.
- Fügen Sie eine Holzleiste à 30 cm mit einem 15,5 cm langen und einem 17,5 cm langen Stück Holzleiste kreuzförmig mit einer Schraube mit Mutter zusammen. Wiederholen Sie den Vorgang für das zweite Standbein des Wäscheständers.
- Verbinden Sie, wie auf dem Foto zu sehen ist, die beiden Kreuze unten mit den beiden anderen Holzleisten à 30 cm mit 4 Nägeln und Holzleim.
- Bohren Sie 3 Löcher in die beiden Holzleisten à 20 cm. Führen Sie die Metallstäbe hindurch und befestigen Sie sie. Schneiden Sie die Überstände ab. Verstecken Sie dann die Enden mit Teppichnägeln. Nageln und kleben Sie die Holzleisten auf die Oberseite der Kreuze.
- Für mehr Stabilität können Sie eine Holzleiste von 28,5 cm Länge mit Nägeln und Leim anbringen, um die Mittelpunkte der beiden Kreuze miteinander zu verbinden, sowie eine Holzleiste von 14 cm Länge, um die beiden unteren Leisten zu verbinden. So können Sie die Konstruktion Ihres Wäscheständers verstärken.

Dem Kind die Aktivität erklären

- Den einen Wäschekorb füllen Sie mit Wäscheklammern, den anderen mit Kleidungsstücken.
- Greifen Sie sich dann ein Kleidungsstück Ihrer Wahl und eine Wäscheklammer.
- Zeigen Sie dem Kind, wie es das Kleidungsstück mithilfe der Wäscheklammer auf dem Wäscheständer aufhängt.
- Schlagen Sie ihm vor, den Rest selbst aufzuhängen.

Tipp: Wenn Sie handwerklich nicht so begabt sind, können Sie die Idee einer Kindergärtnerin, die ein Abtropfgestell für Geschirr aus Holz als Wäscheständer umfunktioniert hat, übernehmen.
Sie hat es umgedreht.
Wenn Sie, wie ich, Dutzende einzelner Socken haben, verwenden Sie diese, um sie aufzuhängen. Das sieht hübsch aus, ist farbenfroh und Ihre „einsamen Socken" finden noch mal Verwendung!

DER KLATSCHMOHN

Bei diesem Material werden Wäscheklammern benutzt, um daraus hübsche Formen zu machen.

Die Aktivität vorbereiten und erklären

Sie brauchen:

- Rotes Tonpapier
- Grünes Tonpapier
- Einen Streifen Filz
- Eine Schere
- Kleine Wäscheklammern

- Schneiden Sie für das Innere der Klatschmohnblüte einen Kreis aus dem roten Tonpapier aus, und einen Stängel aus dem grünen Tonpapier.
- Schneiden Sie Blütenblätter aus Filz aus.
- Zeigen Sie dem Kind, wie man eine Blüte bastelt, indem man die unterschiedlichen Elemente mit Wäscheklammern zusammenheftet.
- Schlagen Sie ihm dann vor, es allein zu machen.

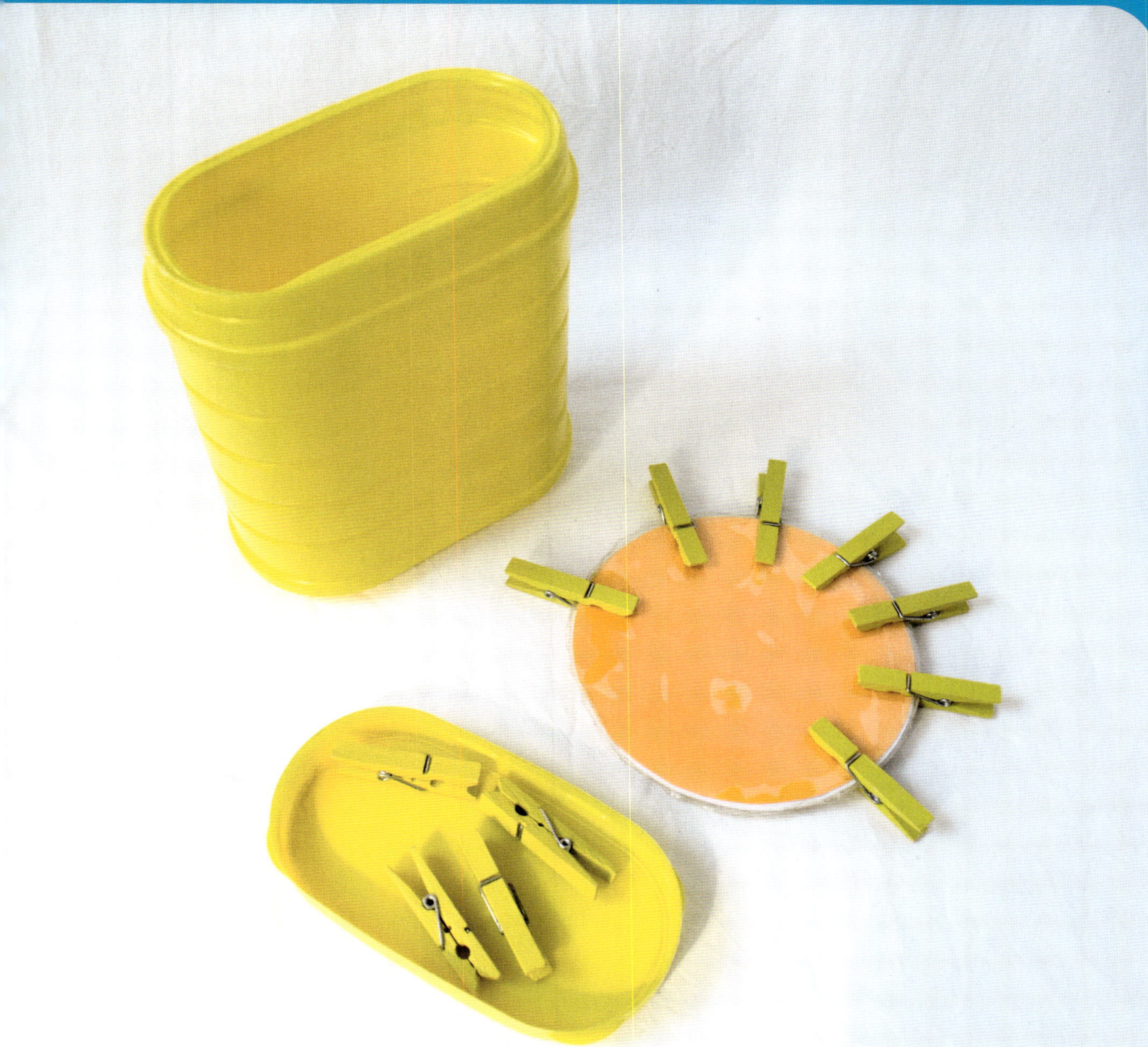

Kreative Varianten

Sie können auch andere Formen erfinden: ein Haus, ein Auto, usw. und Schmetterlinge, Marienkäfer, Blumen, etc. als Klammern anbringen.

Um zum Beispiel eine Sonne zu basteln, schneiden Sie einen Kreis aus gelbem Karton aus und zeigen Sie dem Kind, wie es die gelben Wäscheklammern anbringen muss, um die Strahlen zu bilden.

DER „MAGISCHE MAGNET“

Diese Übung fördert die Genauigkeit und erklärt, wie man einen Magneten benutzt.

Die Aktivität vorbereiten

Sie brauchen:

- Einen Magnetstab
- Magnetische Spielsteine
- Eine Pinzette
- Einen Eiswürfelbehälter

- Legen Sie mit der Pinzette ein oder 2 Spielsteine in jedes Fach des Eiswürfelbehälters, entsprechend der Vorgabe Ihrer Wahl. Um die Spielsteine zu greifen, können die Kinder zunächst die Finger benutzen, später eine Pinzette, damit ihre Handbewegungen präziser werden.
- Wenn alle Fächer gefüllt sind, benutzen Sie den Magnetstab, um die Spielsteine einzusammeln und aufzuräumen.

Variante

Wenn Sie keinen Magnetstab haben, können Sie auch **Perlen und Knöpfe** verwenden und dem Kind vorschlagen, eine Reihe vom Eiswürfelfach mit Perlen und eine Reihe mit Knöpfen zu füllen.

„Das ist magisch!
Die Spielsteine gehen
von ganz allein nach oben!"
Valentin, 3 Jahre

FARBEN

Um die unterschiedlichen Farben richtig zu erfassen und zu erkennen, *muss man mit ihnen arbeiten; sie anfassen, sortieren, beobachten, schmecken …*
Hier finden Sie nachfolgend einige Spiele, die den Kindern das Erlernen der Farben erleichtern.

„Die Entwicklung ist eine Reihe von Geburten."

Maria Montessori

DER ROTE TISCH

Er ermöglicht das Benennen und Wiedererkennen einer Farbe.

Die Aktivität vorbereiten

Sie brauchen:

- Einen kleinen Tisch
- Gegenstände aller Art: Die Kinder können sie in ihrer Umgebung zusammensuchen, zu Hause, in Kindergarten oder Schule, draußen ...

- Zeigen Sie den Kindern die gewählte Farbe in unterschiedlichen Zusammenhängen: Als Buch, Poster, ...
  Schlagen Sie ihnen im Anschluss vor, drinnen oder draußen Gegenstände in dieser Farbe in ihrer Umgebung zu suchen.
- Sammeln Sie alle gleichfarbigen Gegenstände auf dem Tisch. Dieser steht für eine Zeit von ungefähr 3 Wochen bereit, damit die Kinder genügend Zeit haben, um die Gegenstände zu betrachten und neue dazuzustellen.
- Suchen Sie dann eine andere Farbe aus und wiederholen Sie die Aktivität.
- **Bevorzugen Sie Fotos von „echten" Gegenständen.**

Zusätzliches Material

Ich verwende oft die Bilderbücher „Das kleine Blau und das kleine Gelb“ von Leo Lionni, „Alle meine Farben“ von Alex Sanders, „Elmar“ von David McKee, „Einfach farbig“ von Jérôme Ruillier sowie Bildwörterbücher.

FARBCOLLAGEN

Diese Aktivität trainiert das Erkennen von Farben, das Schneiden mit der Schere, das Basteln einer Collage ... Sie ermöglicht das Ausstellen der Kunstwerke und das Bezugnehmen auf einen Künstler.

Die Aktivität vorbereiten

Sie brauchen:

- Papierschnipsel aller Art, in verschiedenen Schattierungen einer Farbe
- Gegenstände in der gleichen Farbe: Schraubverschlüsse, Knöpfe, Federn, Wolle, Stoffe etc.
- Weißen Bastelkleber
- Einen breiten Pinsel
- Ein Blatt festes weißes Papier

- Legen Sie in der Tischmitte verschiedene Papierschnipsel aus, die Sie oder die Kinder ausgeschnitten haben, und Gegenstände in der gleichen Farbe.
- Tragen Sie mit dem Pinsel Kleber auf das weiße Blatt Papier auf.
- Die Kinder kleben nach Belieben Papierschnipsel und Gegenstände auf das Blatt.
- Sie können die Kreationen der Kinder wie Kunstwerke ausstellen.

„Heute habe ich mein Blatt blau gemacht, das ist schön, morgen mache ich es rot"

Flavia, 8 Jahre

FARBEN SORTIEREN MIT FILZSTIFTEN

Diese Aktivität übt das Unterscheiden und Sortieren von unterschiedlichen Farben.

Dem Kind die Aktivität erklären

Sie brauchen:

- 6 Becher in unterschiedlichen Farben (Primär- und Sekundärfarben)
- Filzstifte, Buntstifte oder Straßenkreide …

- Fordern Sie das Kind auf, eine Box mit unterschiedlichen Stiften in die passenden farbigen Becher zu sortieren.

Tipp: Sie können Joghurtbecher oder Senftöpfchen sammeln. Darauf müssen Sie nur farbige Aufkleber oder farbiges Klebeband kleben.

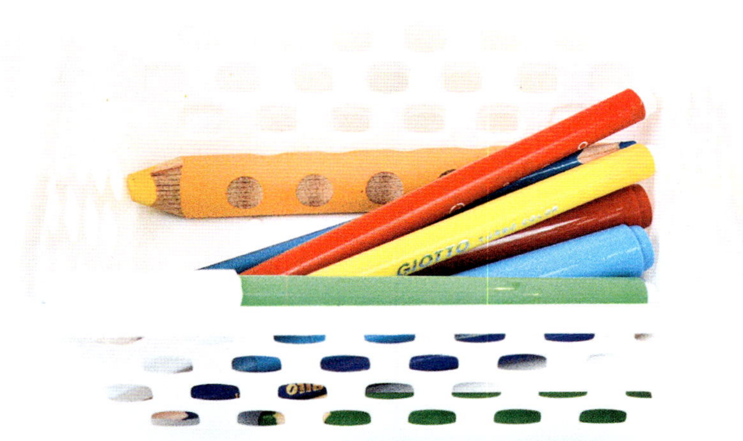

„Ich habe in verschiedenfarbige Plastikbecher „investiert“ (1 Euro pro Becher), um die Filzstifte der Kinder aufzubewahren. Das Sortieren gelingt super und Alice (3 Jahre) sagt: ‚Deine Becher sind schön!‘. Die Kinder kommen gut damit zurecht, um sich ihre Stifte auszusuchen.“

Eine Tagesmutter

DIE FARBENKISTE

Die Farbboxen trainieren den Umgang mit Farben und das Bilden von Farbabstufungen. Maria Montessori hat sich 3 Boxen ausgedacht. Ich schlage Ihnen vor, eine zu basteln, die alle Aspekte abdeckt.

Die Aktivität vorbereiten

Sie brauchen:

- 30 kleine Rechtecke aus Holz oder Karton, 7 x 4 cm groß
- 7 Tuben Acrylfarbe: blau, rot, gelb, grün, orange, violett, weiß
- Einen Pinsel
- Eine kreisförmige weiße Scheibe aus Karton oder Holz

- Bemalen Sie das erste Rechteck in einer ungemischten Farbe. Tragen Sie 2 Schichten auf.
- Geben Sie ein wenig Weiß in die Farbe und bemalen Sie ein zweites Rechteck. Wiederholen Sie diesen Schritt noch dreimal, sodass Sie 5 Rechtecke in farblicher Abstufung erhalten.
- Verfahren Sie mit den fünf anderen Farben analog. So erhalten Sie 6 Farbreihen aus jeweils fünf Kärtchen.
- Zeigen Sie dem Kind die 3 Primärfarben (Blau, Gelb, Rot) und erklären Sie: „Das ist Blau. Das ist Gelb. Das ist Rot."
- Fordern Sie das Kind danach auf, Ihnen Blau, Gelb und Rot zu zeigen.
- Nun zeigen Sie ihm eine Farbe und fragen es: „Welche Farbe ist das?"
- Wiederholen Sie die 3 Schritte mit den anderen Farben.
- Wenn das Kind die Farben kennt, können Sie ihm zeigen, wie man Farbreihen strahlenförmig um den weißen Kreis legt – wie eine Sonne.

Variante

Es ist möglich, eine Kiste mit Primär- und Sekundärfarben nach demselben Prinzip zu basteln, indem Sie Farbpaare zusammenstellen: 2 blaue, 2 rote, 2 gelbe, 2 grüne Kärtchen … Das Kind muss sie erkennen, die Farben benennen und die Paare finden.

KNÖPFE SORTIEREN

Diese Aktivität trainiert das Sortieren und Unterscheiden nach Farben.

Dem Kind die Aktivität erklären

Sie brauchen:

- Unterschiedlich geformte Knöpfe in Farbabstufungen: gelbe, blaue, rote, grüne …
- Eine Kiste mit Fächern, damit leichter sortiert werden kann

- Das Kind soll die Knöpfe nach Farben in die Fächer der Kiste sortieren.
- Wenn es fertig ist, räumt das Kind die Kiste an ihren Platz zurück.

Variante

Für kleinere Kinder können Sie auch Schüsseln oder kleine Schalen aus Plastik verwenden.

Beginnen Sie mit 2 oder 3 Farben und kleben Sie Aufkleber in der jeweiligen Farbe auf die Schälchen.

BUNTE SCHÄTZE

Auch diese Aktivität übt das Unterscheiden der Farben, indem kleine Gegenstände aller Art sortiert werden.

Das Material vorbereiten

Sie brauchen:

- Eine Sperrholzplatte, 64 x 18 cm
- 2 Holzbretter, 64 x 8 cm
- 5 Holzbretter (oder mehr, 18 x 8 cm)
- Nägel
- Gegenstände aller Art, die die Kinder wie Schätze sammeln können

- Nageln Sie die beiden 64 cm langen Bretter an die Längsseiten der Sperrholzplatte und 2 der 18 cm langen Bretter an die beiden kurzen Enden.
- Befestigen Sie die 3 anderen Bretter (oder mehr) in gleichmäßigen Abständen im Inneren der Kiste, die Sie zusammengebaut haben: Das sind Ihre Fächer. Sie können sie in unterschiedlichen Farben anmalen, wenn Sie möchten.

Variante: Mit Klebeknete oder Klettband können Sie in unterschiedlichen Farben bemalte Rechtecke an die Seiten der Box anbringen. **Die Kinder können sie dann bewegen, um die richtige Farbe zu finden.**

Dem Kind die Aktivität erklären

- Stellen Sie die Box so auf den Boden, dass jeder alle Gegenstände und alle Farben gut sehen kann.
- Unterscheiden Sie zusammen mit den Kindern die verschiedenen Schattierungen: heller, dunkler ...
- Die Kiste kann über einen längeren Zeitraum an einem Ort im Haus oder in der Klasse stehen bleiben und im Laufe der Zeit ergänzt werden.
- Am Ende wird sie aussehen wie „ein Kunstwerk“.

FARBEN ESSEN

Manchmal ist es schwierig, Kinder davon zu überzeugen, Gemüse zu essen ... es sei denn, das Rezept ist magisch! Die Suche nach den geheimen Zutaten im Gericht kann sehr schnell spannend werden.

Das Rezept für den geheimen Auflauf

Für 6 Personen

Sie brauchen:

- 1 Kürbis
- Den Saft einer Orange
- 2 Möhren
- 250 ml Crème fraîche
- 3 Eier
- Salz, Pfeffer

- Lassen Sie die Möhren und den ungeschälten Kürbis in einem großen Topf oder einem Schnellkochtopf mit Wasser aufkochen. Decken Sie den Topf mit einem Deckel ab und garen Sie das Gemüse, bis es weich ist und sich leicht zerdrücken lässt.
- Heizen Sie den Backofen auf 210 °C (Stufe 5) vor.
- Vermischen Sie Eier, Crème fraîche, Salz, Pfeffer und den Saft der Orange in einer Schüssel.
- Nach dem Abgießen halbieren Sie den Kürbis, entfernen die Kerne und halten die Karotten unter kaltes Wasser, um die Schale zu entfernen, falls Sie sie nicht vorher schon geschält haben. Pürieren Sie das Gemüse mit der Eier-Crème-fraîche-Mischung.
- Geben Sie die Masse in eine Auflaufform und schieben Sie sie für ca. 30 Minuten in den Ofen.
- Fertig! Die Gäste müssen nur noch die 3 geheimen, orangefarbenen Zutaten erraten.

Haben Sie keine Scheu, die Kinder beim Kochen zu beteiligen, oder ältere Kinder einen Kuchen backen zu lassen. Vor allem Joghurtkuchen sind sehr einfach zuzubereiten.

Das kleine Extra

Heben Sie die Kürbiskerne auf, reinigen, trocknen und sammeln Sie sie in einem verschließbaren Glas, um sie im Frühling auszusäen.

Warum bieten Sie nicht von Zeit zu Zeit ein Farben- oder Themenmenü an, mit einem bestimmten Gemüse oder einer Frucht, welches dann Bestandteil von allen Gerichten ist?

DREI GEWINNT

Dieses Spiel vermittelt auf spielerische Weise horizontale, vertikale und diagonale Linien.

Das Material vorbereiten

Sie brauchen:

- 2 x 5 Deckel in 2 unterschiedlichen Farben
- Eine Sperrholzplatte, 22 x 22 cm
- 2 Leisten, 22 cm lang und 5 mm breit
- 6 Leisten, 7 cm lang und 5 mm breit
- Starken Kleber
- Eine Kiste

- Kleben Sie die Leisten so auf die Sperrholzplatte, dass ein Gitter mit 9 Feldern entsteht.
- Für die Spielsteine können Sie beispielsweise blaue und rote Plastikdeckel verwenden.
- Wenn Sie das Spiel hübscher gestalten möchten, **können Sie es anmalen.**

Dem Kind die Aktivität erklären

- „Drei gewinnt“ ist ein Denkspiel, das zu zweit gespielt wird. Jeder Spieler wählt eine Deckelfarbe.
- Ziel des Spiels ist es, eine Reihe von 3 Deckeln zu legen: horizontal, vertikal oder diagonal.
- Die Spieler sind abwechselnd an der Reihe.
- **Wer zuerst eine Reihe von 3 Deckeln gelegt hat, hat gewonnen.**
- Am Ende des Spiels räumt jeder seine Spielsteine in die Kiste.

AKTIVITÄTEN IM GARTEN

Aktivitäten im Garten sind von großer Bedeutung für die Entwicklung des Kindes: *Es lernt dabei, die Welt zu entdecken* – die Natur, die Pflanzen, die Bäume, die Tiere, und seine Umwelt zu achten.

„Unsere Kinder wollen die Welt
entdecken; geben wir ihnen
die Schlüssel, um sie zu erkunden."
Maria Montessori

MEIN GEMÜSEGARTEN

Auch wenn Sie keinen Garten haben, können Sie eine Wanne mit Erde aufstellen. Die Kinder können etwas darin einpflanzen und ihre Blumen oder ihr Gemüse beobachten.

Die Aktivität vorbereiten

Sie brauchen:

- Gummistiefel
- Praktische Kleidung
- Handschuhe
- Eine Gießkanne
- Eine Harke
- Eine Schaufel

- Heben Sie im Winter Gemüsesamen auf, beispielsweise vom Kürbis. Sie können auch drinnen eine kleine „Wintergarten-Ecke“ mit Pflanzen und Utensilien für die Pflege einrichten.
- Im Frühling helfen Sie den Kindern bei der Aussaat-Vorbereitung in einem kleinen Gewächshaus (siehe Aktivitäten auf den nächsten Seiten). Sobald die Samen auskeimen, können die Kinder sie in die Erde setzen. Dazu zeigen Sie den Kindern, wie sie die Erde auflockern und auf die Pflänzchen achten, sie gießen und beschneiden, sie beobachten … und mit Geduld und Vorfreude auf die Früchte ihrer Arbeit warten.
- Die Kinder sollen ihr Werkzeug säubern und an einem bestimmten Ort aufbewahren.
- Sobald das Gemüse erntereif ist, können die Kinder es ernten, zubereiten und probieren. Sie werden auf ihre Ernte stolz sein. Es ist selten, dass sie ihr Gemüse nicht probieren wollen.

Tipp:

Wenn Sie nicht so geschickt darin sind, einen Gemüsegarten anzulegen, **haben Sie keine Scheu, jemanden aus Ihrem Umfeld anzusprechen** oder eine Annonce aufzugeben, um beispielsweise einen „Leih-Opa“ zu finden, der Sie bei Ihrem Gartenprojekt unterstützt. So mache ich es in meinem Atelier: Jean-Yves, ein Gärtner, kommt und teilt seine Leidenschaft fürs Gärtnern mit den Kindern.

DAS KEIMEN VON LINSEN

Bei dieser Aktivität wird das Keimen von Samen beobachtet.

Die Aktivität vorbereiten

Sie brauchen:

- Linsensamen
- Eine transparente CD-Hülle
- 2 Wattepads

- Geben Sie die Linsensamen auf die feuchte Watte.
- Legen Sie die Wattepads in die CD-Hülle und verschließen Sie das Mini-Gewächshaus.
- Legen Sie die CD-Hülle aufrecht, mit der Öffnung nach oben, an einen warmen, hellen Ort und lüften Sie es täglich kurz, um Staunässe zu vermeiden.
- Die Linsen werden nach und nach aufplatzen. Und von Tag zu Tag werden mehr kleine weiße Keime zu sehen sein, später dann grüne Stiele, die immer länger werden.
- Dank der transparenten CD-Hülle können die Kinder die einzelnen Schritte des Keimens einfach und schnell beobachten.

Tipp von Aurelia, Erzieherin im Vorschulbereich

Fordern Sie die Kinder auf, Fotos von jeder Phase, vom Samen bis zum Keimling, zu machen, um ein kleines Kartenspiel zusammenzustellen, mit dem der Prozess des Keimens in die richtige Reihenfolge gebracht werden kann. Außerdem können die Kinder jeden Tag die Länge des Keimlings messen und das Ergebnis in einem kleinen Heft aufschreiben, um vergleichen zu können.

OBST UND GEMÜSE ANPFLANZEN

Diese Aktivität lässt beobachten, messen und vergleichen, wie die Pflanzen wachsen.

Dem Kind die Aktivität erklären

Sie brauchen:

- Pflanzen: Tomaten, Zucchini, Himbeeren usw.
- Eine kleine Schaufel
- Eine kleine Gießkanne
- Handschuhe

- Zeigen Sie dem Kind, wie es ein ausreichend großes Loch gräbt, um seine Pflanze einzusetzen.
- Nehmen Sie die Pflanze aus dem Topf und setzen Sie sie in das Loch.
- Füllen Sie es mit Erde auf und gießen Sie die Pflanze.
- Wenn es möchte, darf das Kind nun der Gärtner sein.

Weitere Möglichkeiten

Warum versuchen Sie nicht einmal, alte, den Kindern weniger bekannte oder außergewöhnliche Gemüsesorten anzupflanzen, wie z. B. Spaghettikürbis, schwarzer Rettich, Butternutkürbis …

Wenn Sie im Garten sind, nutzen Sie die Gelegenheit, um alle Gemüsesorten, Blumen und Obstbäume zu benennen. Fragen Sie sich, wie man sie pflegt und was Sie brauchen: Licht, Wasser … Die Kinder können das später, zum Beispiel in Büchern aus der Bibliothek, nachlesen.

Ich habe viele sehr interessante Bücher für weniger als 2 Euro auf Spielzeugbasaren gefunden, die vor allem in Schulen organisiert werden. So besitze ich eine vielfältige Bibliothek und kann den Kindern anbieten, die Bücher auszuleihen und mit nach Hause zu nehmen.

EINE VOGELSCHEUCHE BASTELN

Es gibt nichts Besseres als eine „hübsche Vogelscheuche", um unser Selbstangebautes zu schützen.

Dem Kind die Aktivität erklären

Sie brauchen:

- Bambusstäbe oder Besenstiele für den Körper
- Plastikhandschuhe für die Hände
- Ein altes Hemd, eine Hose und einen Hut oder eine Mütze zum Anziehen
- Stroh, um den Körper der Vogelscheuche auszustopfen
- Ein Stück Stoff für den Kopf
- 2 Plastikdeckel für die Augen
- Einen Joghurtbecher für die Nase
- Einen Wollfaden für das Lächeln!

- Schlagen Sie einer kleinen Gruppe Kinder vor, eine Vogelscheuche zu basteln.
- Die Kinder organisieren sich – mit Ihrer Hilfe – selbst und überlegen, wie sie vorgehen, was sie brauchen und wie sie mit dem Basteln beginnen.

„Ich mag Bob, er passt auf das Gemüse auf."

Rose, 3 Jahre

DAS INSEKTENHOTEL

Ins Insektenhotel ziehen Insekten ein, die von den Kindern beobachtet werden können. „Gute Insekten“ wie Marienkäfer oder Solitärwespen sind nützlich für den Gemüsegarten, weil sie Blüten bestäuben oder Blattläuse fressen.

Sie brauchen:

- 2 Reststücke Vierkanthölzer, 3,5 m x 4 cm, 10 cm dick
- Eine rechteckige Sperrholzplatte, 48 x 45 cm
- Eine dreieckige Sperrholzplatte, 51 x 51 x 44 cm
- Eine kleine Sperrholzplatte, 14 x 28 cm
- 8 Winkelverbinder
- 2 Flachverbinder
- 16 Schrauben
- Nägel (Drahtstifte)
- Holzleim
- Eine Bohrmaschine mit 8-mm-Bohrer
- Einen Schraubenzieher
- Baumrinde
- Tannenzapfen
- Baumstammstücke
- Einige Bambusrohre
- Blumentopfscherben
- Laub

CHRYSOPES
COCCINELLE
OSMIE
GUÊPES SOLITAIRES
SYRPHES
PERCES OREILLES
ABEILLE

Das Insektenhotel bauen

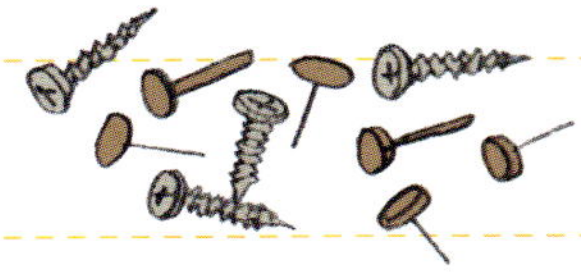

Tipp:

Vierkanthölzer werden beim Bau von Dachstühlen verwendet. Sie erhalten sie in Tischlereien oder auf Mülldeponien. Sie können alle Arten von Holzbalken verwenden (Zaun, Paletten ...).

Die Größendimensionsvorgaben müssen Sie nicht zwingend einhalten. Das Hotel kann, je nach Ihrer Kreativität und dem Platz, den Sie in Ihrem Garten haben, kleiner oder größer werden.

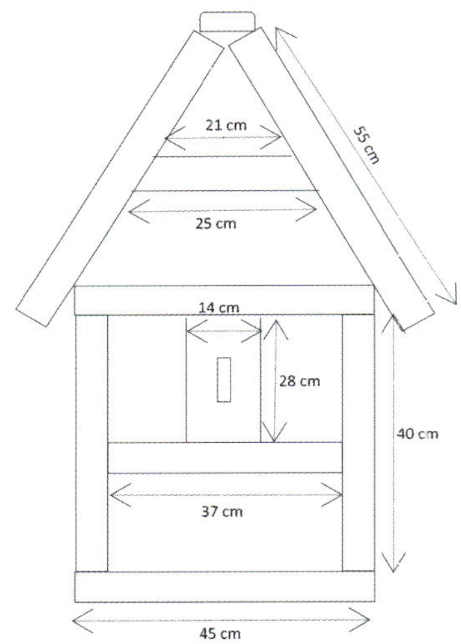

- Sägen Sie die Balken entsprechend der Abbildung in mehrere Stücke.
- Leimen und nageln Sie die Balken zusammen, um das Grundgerüst des Hauses zu erhalten. Verstärken Sie das Ganze mit Flachverbindern, Winkelverbindern und Schrauben.
- Ergänzen Sie die Rahmen-Konstruktion um Querbalken und das kleine Sperrholzbrett, damit Sie das Haus, wie auf dem Foto, in mehrere Fächer unterteilen.
- Befestigen Sie die Sperrholzplatten auf der Rückseite.
- Ich empfehle Ihnen, das Dach liegend zu montieren und das Hotel erst aufzustellen, wenn alle Elemente zusammengebaut wurden.
- Als Abschluss können Sie eine abgerundete Leiste auf dem Dachgiebel anbringen.
- Bohren Sie mit der Bohrmaschine kleine Löcher in die Baumstammstücke.
- Ein oder mehrere Kinder befüllen die Fächer abschließend mit unterschiedlichen Materialien: Baumrinde, Tannenzapfen, Bambusrohren, Blumentopfscherben ...

Tipp:

Ich habe einen Zettel mit Fotos der Insekten, die ins Insektenhotel einziehen solle, außen angebracht. So können die Kinder sie erkennen und benennen. Den Zettel können Sie laminieren, damit er wetterfest ist.

Insekten im Garten

Marienkäfer. Sie ziehen sich gern in Hohlräume, in Laubhaufen oder in ins Holz gebohrte Löcher zurück. Marienkäfer fressen Blattläuse.

Gehörnte Mauerbiene. Diese kleinen Wildbienen haben eine Vorliebe für kleine Löcher. Sie sind wichtig für die Bestäubung.

Schwebfliegen. Ihre Anwesenheit im Garten ist genauso wichtig wie die der Marienkäfer. Die Larven fressen Blattläuse, und die erwachsenen Tiere tragen zur Bestäubung bei. Markhaltige Stängel wie z. B. die vom Holunder eignen sich sehr gut als Unterkunft.

Laufkäfer. Diese kleinen Tierchen werden leicht mit dem Skarabäus verwechselt und können Ihnen bei der Beseitigung von Schnecken helfen. Laufkäfer halten sich gern in alten Baumstümpfen oder in Holzstapeln auf.

Ohrwürmer. Sie mögen kleine mit Stroh gefüllte Unterschlüpfe, vor allem umgedrehte kleine Blumentöpfe.

DUFTTÖPFE

Mit dieser Aktivität werden die Sinne geschult und besondere, vielleicht unbekannte Düfte entdeckt. Ebenso werden mehrere Laubarten und Farben von Pflanzen unterschieden.

Dem Kind die Aktivität erklären

Sie brauchen:

- Eine Holzkiste oder einen Tontopf
- Ein wenig Mutterboden
- Pflanzen: Thymian, Rosmarin, Basilikum, Minze, Petersilie, Eisenkraut ...
- Samen, die Sie haben keimen lassen

- Fordern Sie das Kind auf, Ihnen beim Einpflanzen der unterschiedlichen Pflanzen zu helfen, die Sie oder das Kind ausgesucht haben.
- Berühren Sie gemeinsam die Blätter, riechen Sie daran, betrachten Sie die unterschiedlichen Grüntöne.

Tipp: Sie können Fotos machen und ein Spiel daraus machen, die zum Foto passende Pflanze zu finden.

DAS WALD-WANDBILD

Im Herbst schmücken sich die Bäume mit wunderschönen, farbenprächtigen Blättern in Gelb, Orange, Braun, Rot … Das ist die Gelegenheit, mit den Kindern einen Spaziergang zu unternehmen und die Bäume zu beobachten, zu berühren und an ihnen zu riechen.

Die Aktivität vorbereiten

- Während Ihres Waldspaziergangs mit den Kindern berühren Sie die Bäume und ihre Rinde, betrachten Sie die Wurzeln, die den Boden aufwerfen, die dünnen und dicken Äste, die aus den Stämmen wachsen. Betrachten und sammeln Sie heruntergefallene Blätter in unterschiedlichen Farben.
- Um die gesammelten Blätter aufzubewahren, können die Kinder sie zwischen den Seiten eines Katalogs oder eines Buches trocknen.
- Basteln Sie mit einer kleinen Gruppe Kinder das Baum-Wandbild auf der großen Papierrolle. Schauen Sie sich noch einmal an, wo sich die Wurzeln befinden, der Stamm, die Äste und die Blätter. Die kleinen Künstler können die im Buch getrockneten Blätter aufkleben.

Blätter
Äste
Stamm
Wurzeln

DIE MONTESSORI-SCHATZSUCHE

Lassen Sie sich von den Spielen von Maria Montessori inspirieren, um eine Schatzsuche vorzubereiten, zum Beispiel für einen Kindergeburtstag. Setzen Sie die Spiele an möglichst unterschiedlichen Orten um: draußen im Garten und drinnen in mehreren Räumen im Haus.

Vorgehensweise

- Vervielfältigen Sie die Namen einiger Spiele auf kleinen Kärtchen aus Pappe und schreiben Sie auf die Rückseite einen Buchstaben.
- Die Buchstaben müssen aneinandergereiht ein Wort ergeben, das den Ort des Schatzes beschreibt.

1 Parcours mit dem Roller oder mit dem Fahrrad

Zeichnen Sie mit Kreide einen Weg auf den Boden, der mit einem Roller oder Fahrrad zurückgelegt werden muss.

2 5 Gemüsesorten und 5 Früchte nennen

Schlagen Sie den Kindern vor, im Garten nach Gemüse und Früchten zu suchen. Je nachdem, wie viele Kinder es sind, können auch 2 oder 3 Gruppen gebildet werden, oder die älteren Kinder können als Variation besonderes Obst und Gemüse suchen.

3 Einsatz-Zylinder

Verteilen Sie auf einem Teppich 4 Montessori-Einsatz-Zylinderblöcke. Die Kinder müssen sie auseinandernehmen und ihrer Größe entsprechend wieder passgenau zusammensetzen. Sie können auch ein anderes Material Ihrer Wahl verwenden, wenn Sie keine Einsatz-Zylinder besitzen.

Wenn die Aufgaben beendet sind, schlagen Sie den Kindern vor, das Buchstabenrätsel auf den Kärtchen zu lösen, um herauszufinden, wo sich der Schatz befindet.

4 Ein Lied

Fordern Sie das Kind auf, ein Lied seiner Wahl zu singen und dabei auf einem Bein zu hüpfen.

5 Die Ernte

Die Kinder müssen folgendes im Garten finden und in einem Körbchen sammeln: 4 Stücke Holz, Stöcke, Äste … 2 Steine, 3 unterschiedliche Blätter, 3 Stängel Kräuter, Blumen, Kastanien, Eicheln …

6 Ein Gemeinschafts-Kunstwerk

Geben Sie den Kindern einen Korb mit Materialien: Bindfaden, Wolle, buntes Klebeband, wiederverwertbare Gegenstände (Joghurtbecher, Schraubverschlüsse etc.). Fordern Sie die Kinder auf, ein besonderes Objekt, ein Gemeinschaftswerk mit Dingen, die sie im Garten finden, zu basteln.

7 Der Snack

Schneiden Sie Obst klein und stecken sie die Stücke auf Spieße, die die Kinder probieren können. Haben Sie keine Scheu, ausgefallene frische oder getrocknete Früchte anzubieten.

8 Das Sinnes-Atelier

Die Kinder müssen gleiche Geräusche, gleiche Stoffe und gleiche Gerüche wiederfinden. Sie können dafür die Sinnesspiele aus diesem Buch verwenden. Oder Sie denken sich einen Sinnes-Parcours draußen aus.

9 Muschelschalen

Verstecken Sie Muschelschalen in einer Sandkiste, die Sie gebaut haben, und fordern Sie die Kinder auf, sie zu finden.

10 Möbelpackerspiel

Markieren Sie Start und Ziel mithilfe von einem Seil oder einem Reifen. Teilen Sie die Kinder auf 2 Gruppen auf. Bereiten Sie einige Gegenstände mit etwas Gewicht vor, die so schnell wie möglich von einem Punkt zum anderen transportiert werden müssen.

11 Der Schatz!

Finden Sie einen Ort, um den Schatz zu verstecken! Es gibt keine Verlierer oder Gewinner, nur kleine und große Kinder, die Freude daran hatten, zusammen zu sein, die sich amüsiert haben, und ihre Fähigkeiten miteinander geteilt haben. Für das Ende bereite ich ein Überraschungstütchen für jedes Kind vor.

Bibliografie

WERKE VON MARIA MONTESSORI

- *Das Kind,* Herder, 2020, 80 Seiten.
- *Das Kind in der Familie,* Herder, 2017, 260 Seiten.
- *Das kreative Kind – Der absorbierende Geist,* Herder, 2007, 278 Seiten.

Ich habe außerdem zahlreiche Websites von Montessori-Schulen, Eltern und Erziehern besucht, die die Montessori-Pädagogik im Alltag anwenden.

Danksagung

Danksagungen sind sehr wichtig für mich. Ein Buch ist ein Teil von einem selbst, den man teilt, den man an andere weitergibt. Aber ein Buch macht man nicht allein, es bringt eine Gruppe von Menschen zusammen, ein Team, in dem jeder in seinem Bereich arbeitet, wie beim Puzzeln, wo jedes Teil seinen Platz hat, damit am Ende ein gemeinsames „Werk" entsteht.

Danke an meine Kinder, an dich, Nicolas, für dein Vertrauen.

Danke an dich, Papa, der viele der Materialien hergestellt hat …

Danke an meine Familie und meine Freunde für ihre unerschütterliche Unterstützung.

Danke an all die außergewöhnlichen Kinder, die ich kennenlernen durfte.

Danke an Sie, Eltern, Lehrer, Erzieher, Tagesmütter, die mir viele Ideen, Erfahrungsberichte und Tipps gegeben haben.

Danke an meine Ausbilder und die Schule Planète Montessori dafür, dass sie ihre Leidenschaft mit mir geteilt haben …

Danke an alle, die durch ihre Arbeit an der Entstehung dieses Buches beteiligt waren, insbesondere mein Verlag Eyrolles, Agnès Fontaine, meine Lektorin, Pauline d'Aleman, Delphine Badreddine und Julie Charvet, meine Grafikerinnen, Séverine Cordier, die die Illustrationen erstellt hat, Philippe Audouin, mein Korrektor.

Danke an die Kinder und Eltern für ihr Mitwirken auf den Fotos.

Danke an Sie, die Leser, dass Sie sich für diesen pädagogischen Ansatz interessieren und die Philosophie von Maria Montessori lebendig bleiben lassen.

Ein langes und schönes Leben für Sie und vor allem viel Spaß beim Lesen und Basteln …!

HEEL Verlag GmbH
Gut Pottscheidt
53639 Königswinter
Tel.: 02223 9230-0
Fax: 02223 9230-13
E-Mail: info@heel-verlag.de
www.heel-verlag.de

Autorin: Delphine Gilles Cotte
Layout und Konzept: Julie Charvet für Jaune Citron

Deutsche Ausgabe:
Übersetzung aus dem Französischen: Hanna Schmitz, Waldbreitbach
Satz und Covergestaltung: My Linh Nguyen, Heinsberg
Korrektorat/Lektorat: Diana Schmid, www.schmid-text.de
Projektleitung: Carolin Wischerath

Fotos: © Jean-Paul Francesch und das Atelier „Les Fées Coccinelles"
Mit Ausnahmen von: © Can Stock Photo: sandbouvier (S. 187),
© Shutterstock: Soho A Studio (U1) und © Adobe (U1)

Illustrationen: Séverine Cordier

Printed in Croatia
ISBN 978-3-96664-512-6